フーコーをどう読むか

ヨハンナ・オクサラ 著　関 修 訳

HOW TO READ FOUCAULT

by Johanna Oksala

Shinsensha

For Sid　シドへ

CONTENTS

どのように
『どう読むか』シリーズを読むべきなのか　サイモン・クリッチリー　4
謝辞　7
緒論　10
第1章　哲学の自由　18
第2章　理性と狂気　34
第3章　人間の死　50
第4章　文学の匿名性　68
第5章　考古学から系譜学へ　86
第6章　監獄　104
第7章　抑圧されたセクシュアリティ　118
第8章　真なる性　134
第9章　政治権力，合理性，批判　150
第10章　自己の実践　168
註　186
年譜　192
訳者あとがき　198
さらに読み進めたい人のための手引き　213
索引　221

どのように
『どう読むか』シリーズを読むべきなのか

このシリーズ（本書はシリーズのうちの一冊）はきわめて簡潔ながら、斬新なアイディアに基づいています。偉大な思想家や作家のための初心者用ガイドのほとんどが提供するのは、お決まりの簡単な伝記か主要著作のぎゅっとかいつまんだ要約、あるいはその両方の場合ということさえあるでしょう。ところが、『どう読むか』は対照的に、熟練した案内人と一緒に読者をエクリチュールそのものへと面と向き合わせるのです。その出発点とは、作者がもっぱら従事していることへと近づけるように、彼らが実際用いている言葉に親しみ、それをどのように読むべきかをあなたに示すことなのです。

このシリーズのどの本もある意味、読むことの最上の授業といえましょう。各執筆者は一つの著作から一〇くらいの短い引用部を選び出し、中心的考えを明らかにする道としてそれらを詳細に考察し、それによって思想の全貌へと門戸を開くのです。時が経つとともに思想家が深（進）化するのを感じられるよう、時にこれらの抜粋は年代順に配列されることもあれば、そうでないこともあります。これらの本は思想家のたんなる名言のベスト盤、つまり「大ヒット集（グレイテスト・ヒッツ）」などではなく、むしろ読者がさらに先へと進み、自身を発見するようになる一連の糸口や鍵を提供するのです。また、テクストとその読解に加えて、どの本も短い伝記的年譜、さらなる読書への示唆、インターネットの情報源なども備えています。『どう読むか』シリーズは、フロイト、ニーチェ、ダーウィン、それどころかシェークスピアやマルキ・ド・サドに至るまであなたが知る必要のあるすべてをお伝えするなどとは申しません。これらの本は、さらなる探究のための最良の出発点をまさに提供するだけです。

また、私たちの知的、文化的、宗教的、政治的、科学的展望を形作ってきた考え方の入手可能な使い古しの（second-hand）説明版とは違って、『どう読むか』シリーズはこれらの考え方とじかに（first-hand）出会える清新な一群を提供します。つまり、私たちの望みは、これらの本が代わる代わる教示し、好奇心をそそり、励まし、勇気づけ、喜びを与えることにほかなりません。

サイモン・クリッチリー

ニューヨーク、ニュー・スクール・フォー・ソーシャル・リサーチ

謝辞

この企画を先導し、私に本書を書く機会を与えてくださっただけでなく、執筆の間中助力を惜しまなかった、サイモン・クリッチリーとベラ・シャンドに対し、心より御礼申し上げる。また、私は自分の構想を多くの友人・同僚と議論した。その中でもとりわけ、その助言と示唆に対し、マーチン・サールとジェイ・バーンスタインに感謝している。さらに、秀逸な編集助手となってくれた、ジョアン・ノーランド、ウイリアム・ハイドブレーダー、ユリア・ホンカサロにも御礼申し上げたい。私が本著のタイプ原稿を完成させたのは、ニューヨークのニュー・スクール・フォー・ソーシャル・リサーチでのフーコー講義の折であった。議論を触発し、フーコーを読むのがいかに刺激的なことかを、その熱心さをもって、確証されてくれた私の学生たちにも感謝の念を表したいと思う。

凡例——原文中のイタリック体は訳文では傍点を付し、一部の語句にはその下に（　）で原語を添えた。〔　〕は訳者の補足である。フーコーの著作からの引用文については、日本語訳書がある場合でも、本書原文から訳出した。また、原文に入れられている英訳書頁数は省略した。

フーコーをどう読むか

ヨハンナ・オクサラ 著　関 修 訳

HOW
TO
READ
FOUCAULT
by
Johanna
Oksala

緒論

ミシェル・フーコー（一九二六―八四）は並外れた才能をもつ哲学者、政治活動家、社会理論家、文化批評者、創造的歴史学者であり、フランスで最も権威ある学術機関〔コレージュ・ド・フランス〕の教授だった。そして何より、私たちが今日思考するその仕方を変更しがたく形作った世界的に著名な知識人にほかならない。彼の批判的企図は、学者、芸術家、政治活動家たちを鼓舞しつづけている。そう、いにしえの確信を――あるいは、しばしばそうであることが判明するように――慰めとなっている錯覚を粉砕し、同時にまた、思考の新たな形式を構築する先例のないやり方を見出すように。

フーコーは自身の著書を道具箱とみなしていた。読者が思考し行動するために必要とする道具を見つけ出そうと引っ掻きまわして探すことのできる道具箱である、と。しかしながら、これらの道具を操作することは解釈に関する困難な問題を含みうる。それは、道具の使用がつねに文脈によって、しかも最終的には、私たちの営みの目標によって決定されるという点においてである。たとえば、岩は金づち代わりに使えるのと同じくらい、窓ガラスを粉々にするのにも有効に用いることができるのだ。壊れやすい自由への関与を手放さないまま、根深い社会秩序に問いを付し、石のように堅く固まったあらゆる真理を捨て去ることを厭わないなら、フーコーの意図により近づくことは有益となる。

フーコーの仕事をめぐって論争が続いている理由の一つに、フーコーの仕事が多くの異なったやり方で用いられうることが挙げられる。その独創性と魅力は、多面的な性質にこそあるのだが。フーコーの仕事は単一の理論あるいは学説を供給するというよりは、さまざまな異なった思考体を提供するものである。この思考体は、身近な問題群に特有の多彩な分析から成り立っている。フーコーの道具箱の想像力豊かで新たな使用こそ、彼の著作を読む際の本質的目標にほかならない。

それでもやはり、この多彩な資料体において、それを単一の理論あるいは方法論へと還元することなしに、統一的脈絡を見出すことは可能である。自由こそ、フーコーにとって、その哲学的経歴を通して導きの糸となる問いであった。彼の研究領域は社会的実践であり、彼の全思想は、実践の異なった諸相の研究として精緻に示すことができる。

その思想の方法論的特徴、すなわち、哲学的方法としての歴史文書の斬新な使用もまた、彼の仕事に一定の高度な独創的性格を与えている。フーコーは、現代社会を理解するのに、歴史を用いた哲学者だった。それは、この社会をより大きな自由の方向へ変えるためだったのだ。

ジャック・デリダ、ジル・ドゥルーズ、ジュリア・クリステヴァら影響力をもつ思想家と並んで、フーコーは通常、ポスト構造主義者と分類されている。しかしながら、彼はこのレッテルを拒絶し、それが何を意味するかさえ理解できないと主張している。それでもやはり、彼が、実存主義が衰退した後の一九六〇年代に頭角をあらわしてきたフランスの思想家世代に属していることは確かである。実存主義およびその最も有名な代表者たち——ジャン＝ポール・サルトル、モーリス・メルロ＝ポンティ、シモーヌ・ド・ボーヴォワール——は、哲学の見方を何よりもまず、人間存在の研究として奨励してきた。すなわち、彼／彼女の本性、人間的実存の意味、その可能性の限界の研究である。他方、ポスト構造主義者たちは、哲学的分析の特権的対象としての人間存在を否定することで特徴づけられよう。その代わりに、思考の社会的・言語学的・無意識的決定要素に焦点を当てたのである。サルトルが一九六〇年代までフランス哲学における無敵の王であったのに対し、フーコーとデリダがそれに続く一〇年間、彼に取って代わったのだった。

　ポスト構造主義者たちは、実存主義の枯渇を、哲学的探求の危機、より一般的には、その伝統的方法の危機と理解したのだ。デカルトおよび彼の有名なコギト〔思惟実体〕の論証――我思う、故に、我在り――以来、思惟する主体こそが哲学的知の基盤であった。ところが、言語が現実を構成するやり方を説明するのに実存主義が失敗したのを目の当たりにして、ポスト構造主義者たちは主体中心的哲学が終焉を迎えたと判断したのだ。哲学を再生するには、徹底して新しいアプローチの仕方が必要とされる。そこで、哲学のエクリチュールのテクスト批評に焦点を合わせた脱構築という企図をデリダが展開したのに対し、フーコーは歴史に向かったのだった。

　フーコーは哲学と歴史を統合したのだ。しかも、あっと驚くような近代批判へと帰結する斬新なやり方で。彼は自身の仕事を、「現在の歴史」と呼んでいる。そして、近代文化において鍵となるいくつかの実践――狂人とみなされた人々の処罰や治療の実践のような――の概念的土台とともに、その歴史的展開をも図式化しようと企てたのだ。そうした諸研究が示したのは、これら実践の歴史的に偶然で無計画な本性であった。それらが生み出した結果こそ、深刻な疎外にほかならない。こうして、読者は突然、以前は彼／彼女が当たり前と思っていた自らの文化の諸相が奇妙で偶然のものと、さらにはっきりと、耐えがたく変える必要があるとみなすようになるのである。

フーコーの仕事は通常、三つの時期に分けられる。第一期は、彼が自身の歴史研究を考古学と呼んだ時期で、たいてい一九六〇年代と位置づけられる。この時期の代表作には、『狂気の歴史』（一九六一年）、『臨床医学の誕生』（一九六三年）、『言葉と物』（一九六六年）、そして『知の考古学』（一九六九年）が含まれる。つぎに、系譜学の時代――系譜学はフーコーの権力諸研究にとってお気に入りの術語であるが――が、一九七〇年代にやってくる。この時期には、彼の最も広く読まれている著作群、『監獄の誕生』（一九七五年）と『性の歴史』の第一巻〔『知への意志』〕（一九七六年）が包括されよう。そして最後に、一九八〇年代の倫理的な時期。それはフーコーが古代の倫理学に向かった時期で、『性の歴史』の最後の二巻、『快楽の活用』と『自己への配慮』（一九八四年）が生み出されたのである。こうした図式的三分割は、初学者がフーコーの膨大な業績と真剣に取り組むのをより容易にすることに疑問の余地はないものの、このような図式化はあくまで発見学習的あるいは教育的モデルであり、厳密な区分とみなさないことが重要であろう。これら三時期は、研究の異なった三つの方法あるいは対象に適用されるものではない。「新たな」段階への参入はむしろ、より包括的な見方に帰着する分析の新しい軸の導入によって印づけられるのである。

彼の作品の読解および解釈のさまざまなやり方に関する専門的学者間の喧喧囂囂の議論を超えて、フーコーの思想はより一般レヴェルで、文化的討議における諸論争を巻き起こしてきた。生産的権力――経験や知の形式を抑圧し検閲するよりむしろ、産出し刺激する権力――という彼の考えは、セクシュアリティ、ジェンダー、犯罪、精神疾患に関する保守的政治見解に異議を唱えるのに価値ある道具を供給してくれる。多くのゲイ・アクティヴィストのみならず、他の文化的急進論者にとっても、彼の思想は、知的・政治的着想の重要な源泉となってきたのである。

おそらくは、狂気、セクシュアリティ、監獄のような話題に関して批判的著作を書くことだけで、その思想家をめぐる混乱や論争のオーラを創造するのに充分であろう。しかしながら、彼の私的な生こそが多分、きわめて暴力的な流れを掻き立ててきたにちがいない。しばしば、彼の書いた本を一冊も読んだことのない、それどころか、目にしたこともない人々でさえ、彼のプライヴェートな生活のセンセーショナルな側面について知っていることがある。彼はエイズで死んだ同性愛者であり、さまざまなドラッグやSM性行為を実践していた、と。また、若き日にしばらくの間、精神病院に入院していたことがあり、ジャガーで疾走するのを好んでいた、とも。こうして、この種の「自己破壊的限界経験[*1]」こそが、彼の著作の読み方への問いに答える鍵を提供すると主張されてきたのである。しかしながら、彼の著作とは異なり、「彼の人生を読むこと」は、どのような明確なテクストも私たちに供給しない。私たちがもちうるすべて、それは接近することも解釈することも決してできない私的な考えや体験に加えて、つかの間の出来事、矛盾した報告や記憶の無限の並列に過ぎないのである。

私は、自分が知っているフーコーの生涯に関するわずかなことを無視するよう大筋で決心した。それは、こうした事柄が不適切で面白みに欠けると私が考えているからではない。それに値する注意をもって彼の著作を読めば、彼の仕事もまた、自らの人生をいかに組み入れているかが明らかになるにちがいない。ある哲学者の生は、彼／彼女の著書の哲学的エートスの内に見出されるべきである。そして、これこそがフーコーを個人的に知らない人々にとって、彼の人生を発見する唯一の方途にほかならない。フーコー自らが、作品と人生との結び付きについて、こうみてとっていたのだった。そう、「ある個人のプライヴェートな生、彼の性的好み、彼の作品には相関性がある。ただしそれは、彼の作品が自らの性生活を翻訳しているからではなく、作品そのものがテクストとともに全人生を含んでいるからにほかならない[*2]」、と。

フーコーの思想は、彼の人生に似て、単一のモチーフのもとでの範疇化を拒みつづける。それは、彼がたびたび失敗し、それゆえ、考えを変えたからではない。むしろ、彼の追い求めた問いが、決定的で最終的な答えのないものだからなのだ。フーコーにとって、哲学とは蓄積していく知識体ではない。現代社会における独断的信念や耐えがたい行いを、容赦なく問題化する批判的実践にほかならないのである。彼は、この批判的実践を継続するよう私たちを誘う。そして、私たちが彼を読まなければならないのは、世界を変えること以外の何のためでもないのである。

第1章

哲学の自由

審判にかけられているのは、排除と有罪判決をともなう社会システム一般だけではない。あらゆる挑発――故意の、具体化された――も、である。挑発のおかげで、このシステムは機能し、秩序を確実なものとする。さらに、政体、つまり、権力をもつ政策、警察、行政と一体となって、システムが排除し、有罪にする人々をでっち上げるのだ。したがって、何人かの人々は、直接かつ個人的に、この囚人の死に責任がある。[*3]

――「監獄内の死」

私もまた、知識人の仕事についてこういいたい。存在しないかもしれない、あるいは、そのようでないかもしれない何かとしてあらわれさせることによって、それで――ある――ところのものを記述することが、ある点で実り豊かである、と。これこそが、現実的なもののこの指示あるいは記述が「これが存在するゆえに、それも存在するだろう」といった類の規範的価値では決してないことの理由である。私見ではそれがまた、歴史に頼るのが、……意味あることの理由でもある。そう、歴史が、いかにそれで――ある――ところのものがつねにそうではなかったかを示す役目をするほどに。すなわち、私たちにとって最も自明な事柄が、運まかせのもろい歴史の経過の中で、偶然の出会い、機会の合流によっていつも形作られているという具合に。理性は何を自らの必然性と理解しているのか、あるいはむしろ、合理性のさまざまな形式は何をその必然なあり方として提供しているのかは実質上、歴史を有することで充分示されうる。そして、理性がそこから発生する偶然性のネットワークが跡づけられるのである。しかしながら、このことは、合理性のこれら形式が非合理的であるといっているわけではない。それが意味するのは、これら諸形式が人間の実践と歴史という基盤に存するということである。つまり、これらの事柄は作り出されてきたゆえに、それらがいかに作られたかをまさしく知るかぎり、もはやそれらが作られないことも可能であるということにほかならない。[*4]

——「批判理論/インテレクチュアル・ヒストリー」

最初の引用は、フランスで刑務所改革の運動をしていた三つの団体が合同で一九七三年に公刊したパンフレットからのものである。これらの団体は、刑務所での自殺の劇的増加に関心を寄せていた。パンフレットは、一九七二年に起こった三二件の事例の記録をもって引証している。これら自殺者の四分の一は移民であり、大多数が二〇代だった。フーコーはこれらの団体の一つ、GIP（監獄情報グループ）の創設メンバーであり、報告に続く無署名のコメントのほとんどは、間違いなく彼によって書かれたものだった。[*5] その論調には、論争的かつ叱責する趣がある。刑務所でたんに偶然生じた自殺などではない。彼らは監獄システムが原因で自殺したのだ。したがって、特定の人々には、直接かつ個人的に、彼らの死に対する責任がある、と。

第二の引用は、一九八三年に公刊されたジェラール・ロレによるインタヴューからのものである。ロレはフーコーに、現在の本性とは何かという質問をしている。この問いこそ、フーコーにとって哲学の鍵となる問題であり、彼自らがたびたび提出してきたものだった。この問いへの答えで、フーコーは、自由の空間＝余地を切り拓くこととして哲学を理解する持論を展開している。知識人の役割は、新しい考え方を開陳することである。すなわち、人々が、異なった光のもとで、自らの周囲の世界を見ることができるようにすること。それは、彼らの精神的習慣を壊乱させ、彼らが変化を要求・扇動するよう誘うためにほかならない。知識人は社会の道徳的良心などではない。彼／彼女の役目は、政治的判断を下すことではない。既存のものに取って代わる《オルタナティヴ》考え方を可能にすることで、私たちを自由にすることなのだ、と。

これら二つのテクストが対照的なのは明白である。ここに、一方で戦闘的な政治的アクティヴィスト、他方で超然とした哲学者としての、フーコーによる両役割間の緊張状態がはっきりとみてとれよう。この緊張関係は、彼の仕事の受容にも反映している。時折、批判的に注記されるのに、フーコーの政治的アクティヴィズムが一貫した理論的立場にもとづいておらず、そこから真に効果的な政治は生じてこない、ということがある。また、正反対に、彼の哲学的立場は無批判的と判断され、政治的に虚しいともいわれる。なぜなら、彼の哲学的立場は公然とした政治判断を差し控えているからである、と。

しかしながら、フーコーの思想を独創的で多くの人を魅了するものとしているのはまさに、哲学の役割とその政治との関係性を構想する彼の斬新なやり方にほかならない。他者を代弁し、正義や自由といった想定される普遍的価値の名において道徳的・政治的判断を行う普遍的知識人であるよりむしろ、フーコーは自らを特殊知識人とみなしていた。このことが意味するのは、彼が意見を述べ、政治闘争に参加しうるのは、ただただ権力行使における彼自身の特殊な立場からに過ぎないということである。他方、彼の哲学研究は、特殊な政治的判断を行うことはない。ただ、人々が各自の闘争において使用できる概念的道具を提供しうるのみである。政治的アクティヴィストとしてのフーコーにとって重要なのは、刑務所の諸条件の具体的改善——たとえば、囚人が独房で本を読めるようにすべきとか、監獄に冬場、暖房を入れるべきであるなど——を求めることだった。それに対して、哲学者フーコーはより根本的な問題を問おうとする。すなわち、なぜ、私たちの社会は監獄へ送ることで人々を罰するのか。それが果たして処罰しうる唯一の方法なのか。刑務所はどのように機能しているのか。非行とは何か、といった。こうした問いは、政治的判断や要求と無縁ではない。だが、それらの基盤となるものでなければならないのである。

フーコー哲学の行った批判の衝撃は、彼が公然と下した判断ではなく、私たちの文化を分析するのに採用したアプローチの仕方に原因がある。科学およびほとんどの哲学が、出来事と経験の混交の中から必然的で普遍的法則として分節しうるものを解読しようと目指すのに対し、フーコーの思想はまさに正反対の方向へと進んでいく。彼は、必然性の中に、より綿密な哲学的吟味のもとでは、偶然ではかなく恣意的であることが判明するものを見出そうと企てたのだ。フーコーにとって、哲学の目標とは、私たちが考え、生き、他の人々と私たち自身へと関わり合う方法を問うことにほかならない。しかもそれは、そうで―ある―ところのものがいかに他様でありうるかを示すためである。

　このように哲学を理解することは、自由の空間＝余地を切り拓く。それは、考え、知覚し、生きる新たな可能性を開示するのだ。私たちが当然のことと思い、必然であるとみなす事柄が実際は、偶然による人間の営為のネットワークからいかに生じてきたのかを示すことで、哲学は思考実験や根拠のない思弁を可能にするだけでなく、変化、すなわち、生き方、権力関係、同一性を変更することさえ具現化するのである。フーコーが私たちの苦境を一列に並んでいることとなぞらえるのは、自分の周りに多くの空いた場所があることを私たちが見落としているからにほかならない。そこで、人間の実存あるいは現実の真なる本性をよりよく反映している異なった配列へそうした線を組織する代わりに、フーコーは、自らの周りにある空いた空間＝余地を示そうと企てたのである。

　現在流布している私たちの実践の不可避性を問題視する効果的な方法は、これら実践の歴史を跡づけることである。歴史は私たちに教えてくれる。私たちが今まで自明と把握してきた——監獄のような——多くの事柄が、実際はかなり最近生じてきたもので、しかも、偶然の出来事・事情の結果であることを。初期の『狂気の歴史』から最後の著作となった『性の歴史』第二、三巻まで、フーコーの本はほとんど歴史研究である。彼が哲学者なのか歴史家なのかについてはずいぶん書かれてきたが、少なくとも、彼の描き出した歴史は型にはまった歴史記述を表象していない。彼は他のものと区別するために、自らの研究を考古学および系譜学と呼んでいる。そして、歴史家の仕事というより哲学的鍛錬であることに気づいていたのである。それが目指すのは、「自分自身の歴史を考える努力が、暗黙に考えてきたことから思考をどの程度自由にしうるのかを学び、他様に考えられるようにすること[*6]」にほかならない。たとえば、フーコーの手になる監獄の歴史である『監獄の誕生』の狙いは、監獄の歴史的発展を理解するだけでなく、処罰することのこうした形が不可避であるという考えから私たちの思考を自由にし、そうすることで、それとは別の事柄を想像できるようにすることにこそあるのだ。

したがって、歴史化それ自体が最終目的なのではない。何が歴史化されているかということと無関係ではないのだ。フーコーが歴史化した事柄はつねに、見た目は無時間的かつ必然的な事実である。彼が標的とした対象、それは歴史性を明らかにすることで、その意味と妥当性が影響を被るものなのだ。歴史とは、たんなる教育的で好奇心をそそるものなどではない。また、その目的は過去についての私たちの知識を増大させることでもないのだ。重要なのは、他様に考え生きられるように、私たち自身を理解することである。歴史研究とは本質的に、私たちが自分自身と自らの住む世界を変えることができるようにする道具にほかならない。本章冒頭の引用でフーコーが注記していたように、歴史が彼にとって意味ある事柄なのは、「それで—ある—ところのものがつねにそうではなかった」ことをどのように示すかに役立つかぎりにおいてである。そう、「私たちにとって最も自明な事柄が、運まかせのもろい歴史の経過の中で、偶然の出会い、機会の合流によっていつも形作られている」ことをいかに示すかに役立つかぎりにおいて。これこそが、フーコーが自身の著書を「現在の歴史」と繰り返ししばしば特徴づけたことの意味である。彼の描き出す歴史は、過去についてのものではない。それは、私たち、現在についてのことである。そして、それらが表象している企ては、どのようにして私たちが、現在あるところのものとなったのかだけでなく、どうしたら他の何ものかになりうるのかをも示すことなのだ。

フーコーの描き出す歴史は、物事の必然性および不変性のみならず、その本性的＝自然的特徴を標的としている点が重要である。彼の著書『狂気の歴史』と『性の歴史』は、脱自然化の試金石にほかならない。そう、本性的、生物学的事実と想定された精神異常やセクシュアリティのような現象が実際は、人間の歴史と文化の経過においてどのように形成されてきたかを示そうとしたのだ。この意味で、フーコーは明らかに社会構築主義者である。社会構築主義とは、人間存在とその経験が社会的過程の結果であり、自然の経過の結果ではないと主張する思考形式のことである。そのような理論は、二〇世紀後半にきわめて大きな影響力をもった。そして、その力はまさしく、思考の必然性および本質主義的形式の脱安定化への努力に注がれていたのだった。こうした理論が一般的に想定しているのは、その時までに構築し終わっているものが自然で、当然のこととみなされるということである。何事かが社会的に構築されている——学習困難、暴力的行動、知能指数、ジェンダー、人種など——と主張する根拠は一般に、事柄の社会的・政治的秩序を変えることで、その何事かもまた変化させうるのを示すことができるからである。社会的に構築されたものは、政治的問題として同定される。つまり、その実存と価値は議論可能で、徹底的に変更することも、あるいは少なくとも修正することができるのである。

何事かが生物学的であるのではなく、社会的に構築されていることを示すのはまた、人間の行動の純粋に医学的なあらゆる説明を問題視するやり方でもある。その説得力のある例が同性愛にほかならない。『性の歴史』でフーコーは、病理学のような同性愛の科学的説明がどのようにして一九世紀に生じてきたかを示したのだ。同性愛への医学的アプローチは長きにわたり、私たちの文化において支配的であった。たとえば、アメリカ精神医学会による精神疾患カテゴリーから同性愛が削除されたのは、一九七四年になってからのことである。「同性愛」はある種の自然的存在に適用される名ではない、とフーコーは主張した。それは、一九世紀に生じた歴史的、文化的構築物で、特殊な科学的ディスクールと権力諸関係によって生み出されたものである、と。同性愛について考える際、セクシュアリティへの社会構築主義的アプローチはある決定的な変化を惹き起こしたのだ。そして、フーコーの『性の歴史』はおそらく、その最も重要な業績の一つなのである。

多くの場合、フーコーは、社会的実践の本質的かつ構成的な役割を明示的に立証している。そこで、そうした実践を〔前述した三期それぞれ別に〕一定の研究対象として選び出したのだった。一九六〇年代の考古学の時期には、彼は主に、科学のディスクール実践とそこに内在する規則性に焦点を絞っている。そして、科学的実践の規則や制約を同定することで、生物学や言語学といった知の領域およびその対象としての生命や言語が、どのようにして思想史において登場してきたかを、彼は示そうと試みたのである。さらに、一九七〇年代の系譜学の時代に、フーコーは権力実践とそれを支える知の形式を研究した。たとえば、犯罪精神医学の発展が非行者に対する医師の権力行使をどのように可能にしたか、などを。そして、その思想の最後の段階で、自らが自己の技術と呼んだ倫理的実践や鍛錬を通して、人々がいかに自分自身を形成しえたのかを、フーコーは探求したのである。

ところで、フーコーによる分析の本質的対象は社会実践であったけれども、さりとて車が工場で生産されるようにすべては社会的に構築されていると彼が主張したわけではない。ある種の社会実践以前に同性愛は存在せず、その歴史的展開が同性愛を可能にしたのだと発言するのは、私たちが今、同性愛に結び付けるある種の行為や感覚が存在しなかったということではない。それが意味するのは、そうした行為や感覚は異なった歴史的実践においてさまざまなやり方で科学的分析の対象として形作られる——対象化される——ということである。たとえば、かつてある種の行為や感覚は精神疾患として対象化され、またある時には、道徳的罪として把握された、というように。つまり、ある特定の時代と条件のもとでのみ、科学的実践およびそれを規定する諸規則は、何らかの存在者が科学調査の対象として姿をあらわすのを可能にするのである。

ある種の行為や感覚が科学的に対象化されるやり方は、その主体にも甚大な影響を及ぼす。しかしながら、いや、それゆえにこそ、まさしくこれらの行為や感覚に影響を与えるのである。たとえば、だれかある人が自分と同性の成員に性的欲望を抱くため精神的に病んでいると分類されるならば、こうした分類は必然的に、その人物が行動し自分自身について考えるやり方についても影響を及ぼすにちがいない。ある人が自分の欲望が病的であると科学の専門家によって告げられることは、そうした欲望を改めようと企てる強力な動機となるだろう。

フーコーが分析を人間科学に限定したことはしばしば注目されてきたが、それは、人間科学によって生み出される対象や真理が、研究に関する主体への構築的影響を有するからにほかならない。植物学者が植物を分類するやり方は、植物がどのように「行動する」かに影響を及ぼさない。しかしながら、人間存在の場合、科学者が新たな対象、分類、カテゴリーを考案する際、彼らはそうした人物の類型、行動・感覚の型を生み出してもいるのである。人間の諸カテゴリー化は、それに合致する人々と同時に、その実存へと立ち至るのだ。そう、これらの過程には、双方向的な動的相互作用が存するのである。[*7]

こうして、実践は複雑かつ錯綜したやり方で、社会的現実を構成するのだ。つまり、実践は――ホモセクシュアリティのような――知の対象と同時にまた、同性愛者として知られ、その知に従って行動・行為する主体をも構築するのである。この環状効果こそ、権力関係と知の形式が主体を創造するとフーコーが論じた際、いおうとしたことにほかならない。彼は、歴史研究を通して、さまざまな種類の主体が構成される過程を理解し、記述しようと試みた。たとえば、「非行者」あるいは「同性愛者」といった自己同一性が、想定上自然の科学的分類としてどのようにして生じてきたのかを。

主体へのこうしたアプローチは、「主体の哲学」批判へと立ち至る。一九六〇年代のフランス知識人圏という文脈では、それは現象学および実存主義への公然とした攻撃を意味する。世界に関するあらゆる知は人間の認識能力に適合しなければならないというイマヌエル・カントの徹底した考えに、主体の卓越性は、味方となるその強力な表現を見出すことができる。現実性の究極の構造を理解すれば、私たちはありのままの世界それ自体に近づき、それを研究することは不可能である。ただ、世界を経験する人間的あり方を知ることができるだけなのだ。こうした考えは、現象学によってさらなる展開をみることになった。ドイツでは、エドムント・フッサールやマルティン・ハイデッガーが登場し、その後継者として、フランスでジャン＝ポール・サルトルおよびモーリス・メルロ＝ポンティが知られるようになる。現象学の中心的主張、それは、すべての哲学探究の出発点は、あらゆる科学理論同様、主体による一人称の生き生きした経験にあるというものだ。哲学や科学の抽象的理論および対象構造は、唯一それらを可能にするより根本的なレヴェル、すなわち、主体による現実の一人称的経験にもとづいているというのである。

この「主体の哲学」こそ、実践への焦点化を通して、フーコーが批判を挑もうとしたものにほかならない。彼が関心をもっていたのは、根本的ながら歴史的に変化する実践、カテゴリー、概念、思考構造である。それらによって、人々はある種のやり方で考え、知覚し、行為することが可能になるのだ。さらに、経験のこれら歴史的条件は、それが可能にする個人の経験の分析によって明らかにされることはないと彼は主張している。たとえば、同性愛とレッテルを貼られた人々の一人称の経験を分析するだけで、私たちはホモセクシュアリティを理解することなどできないのである。むしろ、社会で作用している同性愛嫌悪的《ホモフオビック》権力関係を、私たちは研究しなければならない。すなわち、同性愛について流布している文化的に特殊な観点および科学理論、さらには処罰や治療といった具体的実践を研究すべきなのだ。これらさまざまに異なった軸のすべてが、ある同性愛者の主体的経験を構成しているのであり、経験を通して何らかの透明なやり方で、これらの軸がそれ自体で明らかにされることなどありえないのである。

こうして、フーコーの考古学および系譜学は明白に、主体を再考する努力にほかならない。主体は自律的かつ透明な知の源泉などではない。権力関係と排除がつねに合併している社会実践のネットワークの内に構築されているのである。フーコーは自らの仕事を、近代的主体の系譜学と特徴づけている。すなわち、人々がさまざまに異なった主体の類型としてどのように構築されてきたかの歴史である。たとえば、非行者、同性愛者、精神異常者、あるいはそれらの排除を通しての正常、健常といった。そのような歴史は本質的に政治闘争へとつながっていく。さまざまな同一性は自然の本性的事実の表現であるよりも、社会的構築物として開示される際、その強迫的で品位を下げる同一性に異議を唱え、究極的に変容することが可能となろう。言い換えれば、「こうした事柄が作られてしまっているのだから、まさに、どのようにそれらが作られたのかを私たちが知ることで、作られないことが可能となるのだ」。

第2章

理性と狂気

ルネサンスの想像的風景の中に、ある新たな対象があらわれた。そして間もなく、この対象はそこに特権的場所を占めたのだ。それが阿呆の船である。この奇妙な酔いどれ船は、ラインラントの幅広でゆったりと流れる河を下り、フランダース運河のあちこちをうねうねと進んでいったのだった。

阿呆船（Narrenschiff）は明らかに文学上の作り話であり、おそらくはアルゴ船に関する古代の伝説群から借りてこられた物語であろう。アルゴ船伝説は、最近まで神話的テーマの中でその寿命を保っていたものであり、少なくともブルゴーニュ地方では今まで制度的機能を有してきた。そのような船は、想像上の英雄・道徳的モデルの乗務員とともに、文学上の常套文句だったのだ。あるいは、彼らをもたらす偉大なる象徴的航海に出かけた社会的類型を注意深く定義していた。そう、たとえ幸運ばかりではないとはいえ、少なくともまさに、その運命と真実の形象を……。

しかしながら、これら風刺的で小説風の船の中で、阿呆船だけが本当に実在していたのだった。というのも、一つの町から別の町へ無意味な荷を積んで放浪する船が実際存在していたからである。巡回する実存こそがしばしば、狂気的なものの宿命であった。どの町にも共通する営為。それは、狂人たちを街の防壁の内から外へと追放し、遠い田舎で気ままに振る舞わせ、あるいは、旅の商人・巡礼者の世話に委ねることだったのだ。この習慣は、ドイツにおいて最も普及していた。一四世紀前半のニュルンベルクでは、六二人の狂人の存在が記録されており、その内三一人が町の外へと追い払われた。そして続く五〇年間に、さらに二一名の旅立ちが施行された。これは、市当局によって捕らえられた狂人に関してのみの記録である。またしばしば、狂人たちは河の船員の世話に委ねられていた。一三九九年フランクフルトで、裸で歩きまわる狂人たちを街から取り除く任務が、船員たちに与えられている。続く一五世紀最初の数年間に、同じやり方で、犯罪を行った狂人がマインツから追放されているのだ。時折、船員たちはこの扱いづらい乗客を約束した期限よりも早く、岸へと連れ戻してしまうことがあった。あるフランクフルトの鍛冶屋は追い出されたものの、そうした具合で二度帰還したことがある。結局のところは、クロイツナハへ送り届けられてしまったが。そう、このような阿呆船がヨーロッパの大都市に到着することは、まったくありふれた光景だったにちがいない……。

脱出不可能な船に閉じ込められ、狂人は、幾重にも枝分かれした河に、すべての道が交差する海に、あらゆる事柄を取り巻く大いなる不確実性に引き渡されるのだ。究極の自由の只中にある囚人は、あらゆるものの中で最も開かれた道の上で、無限の交差点にしっかり鎖でつながれている。彼はこの上ない至上の旅客（Passenger）、通り過ぎゆく（passage）囚人である。彼がいつ、どこに到着するのか知る者はいない。自らがどこからやってきたのか、彼は知らない。彼の真実、彼の住処は、彼自身のものでは決してありえない二つの土地の間にある不毛の荒地にほかならないのだ。*8

――『狂気の歴史』

フーコーはある時、自らの著作すべてが自身の個人的経験から生まれ、それと直接関係があると注記したことがある。曰く、「少なくとも部分的に、直接の個人的経験によって霊感を与えられていない著作など、私は一冊たりとも書いてこなかった」*9、と。パリにある競争の激しい超一流の高等師範学校で一九五〇年代に哲学を学びながら、フーコーはまた、心理学および精神医学史の体系的研究にもいそしんでいた。この研究に関連して、彼は、当時フランスで最も大規模な精神病院の一つだったサン＝タンヌ病院で二年以上にわたり、非公認のインターンとして勤務している。このことは、患者のみならず、彼らがスタッフによってどのように扱われているかをも観察する機会を、彼にもたらしたのだった。後に、彼はこう回想している。精神異常者の扱いに関する自らの経験が彼に強烈な印象を与え、この経験への答えが歴史批判という形をとったのである、と。*10

初期に公刊されたフーコーのテクストはいずれも、精神医学および精神疾患をさまざまなやり方で論じたものである。一九五四年、最初の公刊となったのは、自ら長い序文を付したドイツの精神医学者ルートヴィヒ・ビンスワンガーの論文「夢と実存」の仏訳、そして、モノグラフ『精神疾患とパーソナリティ』であった。しかしながら、〔一九六一年の〕『狂気の歴史』になって初めて、彼は独自のアプローチを展開するに至ったというべきであろう。

一九五〇年代のパリでは、実存主義的現象学がどの著名な哲学者においても、勝るもののなき知的地平を形作っていた。『狂気の歴史』に先立ってフーコーが公にした著作は、実存的現象学の影響を強く受けている。この学こそが、彼の出発点なのであった。たとえば、『精神疾患とパーソナリティ』の初版では、精神疾患を理解するには、患者の生きられた体験を私たちは考慮するべきであり、「精神疾患の現象学」が必要とされている、と彼は論じている。それに対して、一九六二年に公刊された第二版では大規模な改訂が施され、一九六一年刊の『狂気の歴史』で明らかとなった精神疾患に関するフーコーの変更後の観点が反映したものとなっている。つまり、狂気を理解するためには、その文化的経験の変化していく様を歴史的に研究する必要があるというのだ。

一九五〇年代後半という介在した数年の間に、生きられた経験からその前提条件としてのより広範な歴史的・政治的分析へと、フーコーの思想は重大な転換を成し遂げたのだ。したがって、『狂気の歴史』こそが、合理的で自律し構成する主体の哲学的地位に疑問を付す努力の開始を印づけている。それはまた、現在の歴史に関する最初の一歩にほかならない。

阿呆船は、『狂気の歴史』の有名な紋章となった。ルネサンス期ヨーロッパの自由で開放的な河を滑るように流れていく「無意味な荷」を積んだ船という強烈なイメージは、狂気的なものの監禁についての中心的議論が映し出される背景を形作っている。この本におけるフーコーの歴史学的主張は、狂気的なものに関する扱いが一七世紀の数年の間に、突然しかも劇的に変化してしまったというものである。町から追放し、比較的自由な人生を送るがままにさせておいた状態から、狂人たちは留置場に監禁されることになったのだ。その監禁は、類をみない規模のものであった。パリだけで数カ月の内に、一〇〇人当たり一人以上の住民が監獄に入れられたのである。

一六五六年、パリに一般施療院が創設されたことで印づけられるこの歴史的出来事は、この本で提出されたより大きな哲学的主張の実例として機能している。一七世紀半ば、狂気が概念化されるやり方に深刻な変化が生じた、とフーコーは論じている。本質的に人間的なものの外側に落ちこぼれたものとして、狂気は概念化され、監禁の必要性と結び付くようになったのだ。そして、こうした考えは、今日依然として大いに流布し、当然とみなされているのである。

ルネサンス時代には、狂気は日常生活に必要不可欠な一部分として理解されていた。狂人は町から追い出されはしたものの、狂気を人間的実存と社会から完全に消し去ろうとする企ては存在しなかった。狂人は排除されはしたが、社会的に恐れられ迫害されることはなかった。逆に、狂気が人間の条件について特殊な智慧を具現化していると認められていたのである。フーコーは、セルバンテスやシェークスピアが作品中で狂人的登場人物をどう取り扱っているかを参照している。彼らの狂気の英雄は、意識の、人間の有限性および絶望的な情念の悲劇的な声で語っている、と。

おおよそ一七、一八世紀に相当する古典期に、狂気は閉じ込められ、人目につかないところへと移された。日常生活において、狂気が現前化するのはただ人間理性の対立物として、「獄窓の中で」のみのことである。「狂気が姿をあらわす時、それは注意深く離れた場所で用心深い理性の監視下に置かれる。理性は狂気とのあらゆる類縁関係を否定し、どのような類似の手がかりによってもまったく脅かされることはないと感じるのである」。狂気はもはや、人間的実存に必須のものとして、理性との対話の内にあるものとして心に抱かれることはない。合理的で本質的に人間的なものによって、狂気は排除され、それと対立させられるのである。こうして、狂人たちは隔離された施設に身体的に監禁され、社会から排斥されただけでなく、概念的に理性と人間性の領域からも排除されてしまったのだ。

狂気は他方、ますます道徳的枠組みの中で把握されるようになった。それは拒絶され、罰せられたのだ。なぜなら、狂気は古典時代の倫理的営みに背いたからである。留置場は、狂人のみならず、私たちとは本質的に異質なカテゴリーに属すると思われる者たちの住処となった。すなわち、貧しき者、失業者、性犯罪者、宗教的冒瀆の罪を犯した者、そして自由思想家たちの。彼らに共通しているのは怠惰＝無為であり、それゆえ、道徳的に逸脱とされたのだ。古典期の経験において、彼らの行動は道徳違反、理性の裏面を表象するものとして概念化されたのである。

狂気の歴史におけるつぎなる重大な変化は、一八世紀の終わりに起こった。これは、精神医学的施設の誕生と印づけることができよう。フーコーは、一九六〇年代精神医学史に関して流布していた見解を疑問視している。その見解とは、偉大な啓蒙期の改革者たち――イギリスのサミュエル・テューク、フランスではフィリップ・ピネルといった――が、狂気的なものの人間的で啓蒙された扱いを先導したというものである。その根拠は、彼らは結局のところ、狂気が病であり、道徳的欠如ではないと理解していたからであるという。伝統的な報告によれば、精神異常者たちを犯罪者の一団から分離し、狂気の真の本性を精神疾患と認識することで、彼らは精神異常者を「自由にした」という。フーコーが論証してみせたのは、ピネルもテュークも精神医学史上の伝説的人物像となり、彼らの意義が疑問を付されることなく受容されてしまっていることだった。しかしながら、そうしたヒューマンな神話のもとでも、恐怖、監禁、道徳的有罪判決といった古典期に普及していた同じ原理に従って、精神医学的施設の世界や治療方法を組織化する一連の機能が存在していたのである。

　鎖や棒といった身体の外的拘束具は、心を狙った処罰という、より巧妙なメカニズムに置き換えられたに過ぎない。これは、監禁をより全体的なものにしただけのことである。古典期、狂人は鎖につながれてこそいたが、少なくとも彼の心は自由に作動していたのだった。しかしながら、この新たなモデルでは、狂人は患者であり、その一挙手一投足が精神医学的知の全包囲的権威のもとに置かれてしまうのだ。手当て、道徳療法、宗教教育および宗教作品は、暴力的威圧に取って代わられ、罪悪感、自覚、自己抑制のダイナミズムを通して機能しているに過ぎない。フーコーはこう記している。「狂気がもはや、人心に恐怖（fear）を植え付けることはない。そうすることができないのだ。狂気そのものが恐るべきもの（be afraid）、どうすることもできないものとなったのである。そう、良識、真理、道徳の教育学に完全に捕らわれて、取り消しがたく恐るべきものに」、と。

　伝え聞かれるピネルやテュークの偉大なる人間性はじつのところ、彼らが生きたブルジョワ社会の道徳価値の相関物であり、精神異常者の「解放」は、その社会の厳格な道徳規則のもとに異常者たちを収監することを意味するに過ぎない。両者は、因習の限界への挑戦、人間的実存の別なる様式として狂気を考えることを拒絶した。その代わりに、テュークの施設の患者たちは、イギリス流のお茶会に相応しい社会的礼儀作法を実践するよう強いられたのだった。そう、職員が茶会の主人を、患者たちが客を演ずる、といった。フーコーによれば、この茶番は、ブルジョワ的道徳世界への狂人の収監化を例証しているという。そして、この収監化こそ、鎖と鉄格子による監禁よりはるかに深刻なものにほかならないのである。

精神異常者の処遇についてのこうした歴史的主張がたんなる遠い過去への好奇心に過ぎなければ、フーコーによる現在の歴史が本質的に示す刺激的で一触即発の切れ味をもつことはなかっただろう。フーコーは、狂気的なものへの対処のさまざまな異なった歴史的実践——排除、監禁、治療といった——を研究しているが、そのような研究を通して彼が記述しようと企てたのは、狂気へのある種の文化的経験および態度がどのように発生し、それらの本質的要素のいくつかが今なお私たちの経験においていかに現前しているかということにほかならない。狂気を精神疾患として理解することの必然的真理および偉大なる人間性という心に抱かれた概念に、彼は疑義を差し挟んだのである。それは、私たちの精神医学的実践が監禁の実践から歴史的に発生したことを示すことによって、また他方で、狂気が過去に有していた可能で代替的形式を示すことによって行われた。つまり、病理学や科学的探究の対象としてではなく、日常生活の一部であるのみならず芸術表現の諸形式にも強く結び付いているものとして狂気を理解したのだ。フーコーによるルネサンスの議論が示しているように、狂気は人間的であるところのものの必要不可欠な次元だったのだ。そう、狂気は「人間であることの核心にそして物事の中心に」存していたのだった。

『狂気の歴史』の狙いを要約するなら、歴史化することで、この本は狂気を脱自然化しようと試みたのである。狂気は移ろいやすい社会的構築物と理解されるべきであり、歴史とは無縁の科学的所与とみなされるべきではない。「狂気は社会の中でのみ存立する」は、フーコーがこの本の主要な議論を見事に要約した一文である。また、こうも書いている。「狂気は、それを分離する感性の形式よりほかに存在することはない。そう、狂気を排除しあるいは捕らえる嫌悪という形以外に」[*11]、と。結局のところ、精神疾患と理解された狂気は、歴史的には偶然の社会的構築化で、一九世紀に生じたものに過ぎないのである。

ところで、フーコーの『狂気の歴史』には異なった二つの読み方がある。まず、フランス科学史の伝統に属する純粋に学究的な研究として読むことができる。何人もの歴史の専門家がこの本の重要性を賞賛しているものの、その歴史記述の不正確さが厳しく批判されてもいるのが実情である。事実、フーコーによる年代確定に多くの間違いがあることが証明されている。たとえば、史料上の証拠は、ルネサンス期にすでに狂人が監禁されていたことを示している。また、何人かの歴史家は、病としての狂気という考えが古代医学まで遡ることができ、狂気は近代の医学化の結果ではないという事実に注意を促しているのである。

もう一つの読み方は、歴史的詳細ではなく、この本のより広範な解釈的主張に焦点を合わせたものである。私たちの文化における精神異常の役割に関する社会運動および議論というより広い領野で、『狂気の歴史』は深遠なる影響を与えたと賞賛されたのだ。フーコーは正しくも、精神医学の新しい歴史の創設者としてのみならず、精神異常の社会的構築という考えの先駆者として告げ知らされたのである。精神疾患を社会的に構築されたものとして捉えるフーコーの見方は、一九六〇年代に起こった新しい形の精神医学運動を強い絆で結び付けることになった。こうした精神医学は、当時主流だった精神医学の理論および実践にその根本から戦いを挑んだのである。このいわゆる反精神医学は即座に、一九六〇年代から一九七〇年代初めのカウンターカルチャー運動全般と連帯し、抑圧的諸制度の権力に反対した。たとえば、この時期に小説『カッコーの巣の上で』がベストセラーになっている。そう、強制的な服薬、ロボトミー、電気ショック療法等を用いて患者を治療しようとする既存のやり方への公衆の関心と、フーコーの見解は明らかに共鳴し合っていたのである。

『狂気の歴史』の文学的スタイルは、フーコーが執筆の際念頭に置いていたのが歴史の専門家よりはむしろ広範な読者一般だったことを示唆している。詳細な歴史的事実の豊かさに驚嘆させられはするものの、この本は年代史的学識の乾いた学問的言葉遣いで書かれていないのである。それは文学のように読めるのだ。本章冒頭の引用が示しているように、メタファー〔隠喩〕や叙情的ほのめかし〔引喩〕で溢れているのである。そう、幾重にも枝分かれした河、知られざる島、飼い慣らされた海といった表現で。こうした錯綜した高度に詩的な言語は、読者を混乱させ、歴史学上の欠点を隠蔽するよう仕組まれたヴェールとして作用している、とフーコーへの批判のいくつかは指摘している。しかし、私はこのような表現形式こそ、フーコーの主要な目的に重みを増しているものにほかならないといいたいのである。フーコーの手になる歴史の目的が経験の形式を記述することであるなら、こうした歴史はまた、そしてまさしく、読者に経験を喚起することが重要となってくる。『狂気の歴史』は、私たちが論証を行う合理的能力だけでなく、想像力と情念を喚起するための力にも戦いを挑んでいる。この本は、私たちに狂気について何かを知らせる――理性の限界の裏面に横たわる経験を――。しかも、この何ものかは合理的な哲学的言語で表現されえないのである。フーコーも力説していたではないか。「狂気について (about) の理性による独白」である精神医学の言語の歴史を書くよりも、自分は沈黙する狂気の「考古学を描き出」したいのだ、と。

こうして、狂気の沈黙はいかにして書きうるのかというもっともな問いに答えるため、フーコーは文学に向かったのである。この本を書くよう彼に興味を抱かせ導いたものは、文学に現前する狂気のある種の痕跡にほかならない、と彼は注記している。文学的な書き方のある種のスタイルだけが、狂気の痕跡を示し、理性の偶像化に挑める経験を読者に喚起できる。『狂気の歴史』において、書くことで狂気の沈黙を示すのを何とかやり遂げた作家の例として、ヘルダーリン、ネルヴァル、ニーチェ、そしてアルトーの名をフーコーは挙げている。しかしながら、この本で、彼が文学的言語の本性を詳細に探求することはなかった。そこで、後年公刊されることになる文学に関するエッセーや論文を、私たちは待つ必要がある。

フーコーはある時、インタヴューでこう注意を促している。世には真理を語る本、示威的な本があるけれども、自分が書くのは経験という本である、と。このことで彼がいおうとしたのは、読むという経験こそが、潜在的に読者を変化させ、読者が「いつも同じものでありつづけ、物事や他者と同じ関係をもちつづける」のを阻止するということにほかならない。彼の狙い、それは、自身の本が変化の方へと徐々に働きかけ、わずかでも変化の動因となることである。「過去だけでなく現在の私たちであるところのものの経験、そこから出て変われるようになるやり方での私たちの近代という経験を」分かち合うために、彼は書いたのだった。『狂気の歴史』における彼の究極の目標、それは、私たちが精神異常と判断する人々を認知するやり方を変えることであった。そして、これは、合理的議論だけをもってしてなしえないことなのである。

第3章 人間の死

知（あるいは科学的意識）の認識論的レヴェルと考古学的レヴェルとを区別することで、私は自分が困難に満ちた方向へ進んでいることに気づいたのだ。科学者自身への言及なしに、科学およびその歴史（それゆえまた、科学の存立条件、その変化、犯した過ち、新たな進路を歩みはじめるに至った思いがけない進歩）について語ることができるだろうか。その際、私はある固有名によって具体的個人として表象された者のみならず、彼の仕事、その思考特有の形式についても語っているのである。知の匿名的本体のあらゆる自発的運動を最初から最後まで再び跡づけることができる正当な科学史など企てうるのだろうか。伝統的な「Xは……と考えた」を「……ということが知られている」に置き換えるのは、筋が通り、便利でさえあるだろうか。しかし、正確にいうと、これは私がしようと思っていることではないのだ。知的伝記の妥当性、あるいは、理論、概念、テーマの歴史の可能性を私は否定するつもりはない。ただ、こう思うのである。そのような記述それだけで充分だろうか。それらは膨大な密度を有する科学的ディスクールを公正に扱えるだろうか。習慣的境界の外側に、科学史において決定的な役割をもつ規則性の体系があるのではないか、と。科学的ディスクールに責任ある主体が自らの状況、機能、知覚能力、実践の可能性において、自身を支配し圧倒しさえする諸条件によって規定されていないだろうか。それを私は知りたいのである。そう、私は科学的ディスクールを探求してきた。ただし、それは語っている個人の観点からでもなければ、語っていることの形式的構造の観点からでもない。まさしく、そのようなディスクールの存立において作動している規則の観点からなのである。つまり、リンネ（あるいはペティ、あるいはアルノー）はどのような条件に従わざるをえなかったのか。その条件とは、彼らのディスクールを首尾一貫した真理一般にするためのものではない。それが書かれ受け入れられた時、そのディスクールに科学的ディスクールとしての――あるいは、より正確にいえば、自然学者（リンネ）、経済学者（ペティ）、文法学者（アルノー）のディスクールとしての――価値と実践的応用を与えた条件のことである。[*12]

――『言葉と物』

一九六六年に公刊された『言葉と物』は瞬く間にベストセラーとなり、フーコーを有名にした。その初版は一週間もしない内に売り切れたのだった。この本は多くの点で、フーコーの著作の中でも最も手ごわいものである。まず、層状になった詳細な事項はほとんど見通しがきかないほど豊かで、構想は複雑に入り組んでいる。また、デカルト、コント、サドなど一見お互い異質な哲学者の著作を橋渡しする深遠な哲学的議論を含み、ルネサンス期の無名の自然学者たちや一九世紀の言語理論家の仕事といった変化に富んだ話題への新たな洞察を提示することで、科学史にも寄与しているのだ。さらには、哲学や科学史に関する詳細で博識なこれらの論証が、文学と絵画についての美しい記述や優美な議論と渾然一体となっているのである。

したがって、この著作に関してさまざまに異なる解釈が溢れているのは、もっともなことといえよう。時折、史料編纂への構造主義的アプローチを構築しようとして失敗した徒労に過ぎないと読まれることもあれば、形式の混乱した行使ととられることもある。冒頭に私が選んだ引用は、フーコー自身による英訳版への序文からであり、フランスで公刊されて四年後のものである。ここには、これらの誤解を正そうとの彼自ら必死の努力がうかがえる。彼はこの本の構造主義的読解に強く反対し、彼に構造主義者のレッテルを貼ろうと固執する「ある馬鹿げた解釈者たち」に言及している。構造主義は、一九六〇年代フランスで流行した一連の影響力ある理論的立場を指している。その主要な狙いは、社会的・文化的現象を無意識的な下部構造によって説明することであった。この点で、構造主義の立場は歴史的ではなく、フーコーのアプローチとは正反対といえるのである。

しかしながら、『言葉と物』におけるフーコーの主要な主張は思考の無意識的構造に関するものであるかぎり、それは「構造的」であるといえる。彼は、ある秩序のレヴェルが、「知の積極的無意識《ポジティヴ》」が存在すると論じているのだ。それは科学者の意識を逃れはするものの、科学的ディスクールを形成するものにほかならない。これこそが、引用の冒頭で彼が言及した、認識論的レヴェルとは対照的な知の考古学的レヴェルなのである。それは、知を組織化する原理、科学的ディスクールを秩序づける無意識的構造を明らかにする。個々の科学者はこの原理を定式化することもなければ、その際、これらの原理に気づくことさえない。しかしながら、知の考古学的レヴェルは彼らの研究固有の対象を定義する。すなわち、このレヴェルは概念を形成し、理論を構築するための必須条件を構成しているのである。

たとえば、何世紀にもわたって進化という考え方をすることがなぜできなかったのか理解したいと私たちが望むなら、ダーウィンの天才ぶりを理解しようと試みるだけでは不充分である。彼の思想の文脈を形成した思考の下部構造を理解する必要があるのだ。進化という考えが思考可能になったのはひとえに、経験知の対象が時間の影響を被りやすいと考える思想のより深い変遷あってのことにほかならない、とフーコーは論じている。もはや分類という無時間的体系中にではなく、歴史という場に経験的対象がいったん定義されてしまえば、歴史的展開に結び付けられたものとして生命を概念化することが可能となる。概念的枠組みにおけるこの深遠なる変遷は、個々の科学者たちによってのみ先導されたわけではない。むしろ、フーコーが列挙しようと試みさえしない複合的諸原因の多様性の結果にほかならない。ディスクールの統一性、規則性、諸変化の比較的自律した領域として、科学史を研究しようと彼は試みたのだ。そう、意図的主体——科学者——を原理的な説明要因として位置づけることなしに。彼の狙いは歴史における変化の原因説明を供給することではない。ただ、思考の深層構造におけるある種の変化を記述しようとしたのである。

フーコーは、初期の著作のさまざまな文脈で、考古学というメタファーを用いている。そして、このメタファーを自身の著作のアプローチの名として体系的に使いはじめたのである。それが、『臨床医学の誕生――医学的まなざしの考古学』(一九六三年)、『言葉と物――人間科学の考古学』(一九六六年)、『知の考古学』(一九六九年)に相当する。ところで、考古学という術語はすでに、フランスの歴史研究における二つの流れの支持者たちによって方法論的メタファーとして用いられてきたものである。これら二つの流れは、フーコーに甚大な影響を与えている。まず、フランス歴史認識論が挙げられる。その最も知られている代表者は、ガストン・バシュラールとジョルジュ・カンギレムである。もう一つは、アナール派の「新しい歴史」であり、これは第二次世界大戦後主流となった史料編纂に関する学派である。多くの相違があるものの、この双方の流れは非連続性への焦点化、物語的史料編纂の拒絶、歴史調査はつねに部分的にその主題素材を構成しているという批判的自覚を分かち合っている。両派が条約や戦いのような出来事にもとづく容認された自明の時代確定をもはや受け入れることはない。より長い時間の区切り、じつに些細な裂け目、変化、相違を考慮に入れることで、新たな種類の出来事、一連の出来事を組織化する新しいやり方を探求していたのである。

考古学という考えは、フーコーによる科学史へのアプローチの主要な特徴を効果的に捉えており、彼のアプローチがどの点で伝統的歴史記述と異なっているかに光を当てるものである。従来の意味での考古学の意義を反映する個々人の業績達成より、フーコーはむしろ、問題の層状化に関心をもっていた。彼の考古学は伝記的歴史でもなければ、偉人の発見に関するものでもない。彼は私たちの思考という土地を深く掘り下げていく。それは、個々人のさまざまに異なる見解や行為の背後に存在するより長い時間尺度およびより一般的な思考様式を定義するためである。フーコーは科学史における分析の異なったレヴェル間を区別し、個々人の観察、実験、理論の下にある層を見通したのだった。

それゆえ、科学的発見・論争・理論および哲学的見解のレヴェルを超えて、それらを形作る思考の考古学的レヴェルが実際存在している。『言葉と物』におけるフーコーの目標は、科学的ディスクールのこの形成的レヴェルを解明することだった。そして、このレヴェルに言及するため、エピステーメー〔古代ギリシャ語で知の意味、後にエピステモロジーは認識論を指す〕の概念を考察したのだ。特定の時代における思想の存立を強制し、それに必須の諸条件を明らかにすることで、フーコーは非主体的条件を暴き出そうと努めた。こうした条件こそ、秩序や知の主体的経験を可能にするものである。エピステーメーによって歴史を記述することは、何よりもまず、思想史が個人の思想の研究だけでは理解しえないことを示す企てにほかならない。私たちはもっと大きな歴史的なエピステーメーの条件を理解する必要がある。この条件は、個々の主体に、ある特定のやり方である種の概念を用いて、自身を取り巻く世界を思考し、知覚するのを可能にする。したがってまた、ある種の考え方がどうしてまったく不可能だったのかをも理解する必要が生じてくるのである。

思想史へのこうしたアプローチは今や一般的に受容されている。その結果もはや、そのものの考え方の天才ぶりだけによって思想が注目を集めた偉大な思想家の連続として、思想史を提示することは滅多にみられなくなった。『言葉と物』は、思想史がより広範なパースペクティヴを採用することへの急進的な動きの最前線を行くものであった。これこそが、論争をほとんど引き起こすことなく、広範に信用されたこの本の特徴の一つである。しかしながら、『言葉と物』は高度な論争を呼ぶこととなる。それは、西洋思想史における根本的断絶あるいは非連続性に関するフーコーの記述の仕方にあった。ルネサンス、古典期、近代という歴史の三時期の背後にあるエピステーメーの体系を区別することで、フーコーは非連続性の地点を突き止めたのだ。こうした区分は、『狂気の歴史』同様であった。彼の考古学的探求における最初の断絶あるいは非連続性は、おおよそ一七世紀中頃にあたる古典期の黎明に位置づけられた。さらに第二のエピステーメーの断層を一九世紀初めに置いている。これこそが近代の夜明けの先触れを示すものと、フーコーは信じていた。

エピステーメー間の断絶あるいは非連続性を史料によって証明することで、ヨーロッパの科学および合理性の連続的発展という考えをフーコーは反駁している。科学史のパースペクティヴからすれば、彼の論点は、思想史における根本的断絶からいかにして近代的知の形式が生じてきたかを示すことである。したがって、近代の知の形式は、先立つ知の様式のたんなるより高度な発展形などではない。歴史家たちによって伝統的に基本的事柄としてみなされてきたある種の論争や対立は事実、同じエピステーメーの秩序の一部をなしていた。他方、通常近代思想家の先駆者と理解されてきた人々で、いくつかの事例において、その表面上の類似性にもかかわらず、まったく異なった枠組みで仕事をしていたケースがあるのだった。

再びダーウィンの例を取り上げるなら、彼の進化論の考えをラマルクが先取りしていたとしばしば考えられてきた。フーコーは『言葉と物』で、こう論じている。時間の経過とともに種が変化することについてラマルクは書いているものの、彼の思考は古典期のエピステーメーに拘束されており、まったく異なった自然理解に拠っていたのだ、と。古典期のエピステーメーでは、自然が統一的な無歴史的目録一覧表としてのみ把握可能だった。したがって、ラマルクが研究した諸変化は完成のより高次の段階への全体系の移行に過ぎないのである。こうした考えは、歴史的な動的現象として理解された近代の生命概念と根本的に異なっている。

同様に、ラマルクの科学的発見は、先行するルネサンスの諸理論のたんなる改良形などではない。それらの理論との根本的断絶から成り立っているのである。ラマルクの発見が「可能になったのは、もっと熱心により厳密に観察したからではない」。自然の秩序の存在様態が変化したからである。ルネサンス期に、自然は動的な生命有機体として理解されていた。そうした自然に関する知を獲得する方法は、自然が含意する隠された意味を解釈することである。他方、古典期になると、自然界は意味をもたない物質と機械的運動から成り立っており、それを知ることは秩序づけ分類することを意味するようになったのだ。フーコーの親しい友人で、コレージュ・ド・フランスでの同僚だった歴史家ポール・ヴェーヌは、フーコーが歴史を大刷新した方法についてこう書いている。人間的意味に溢れたプロットをともなう物語として、彼は過去にアプローチしたのではない。あたかも、脈絡のない多数の断片を含む万華鏡を通して過去を眺めているようである、と。あるパターンが明らかにされるものの、それは偶然形作られたものに過ぎない。一つのエピステーメーからもう一方のエピステーメーへと移行するのは、万華鏡を回転させ、新たな模様を創り出すことにほかならないのである。[*13]

フーコーの賭けはまた、哲学の領域でも高度なものだった。彼の狙いは、先行するあらゆる哲学がどのようにして無効とされるのかを示すことであり、さらには、そうした哲学に新たな方向と起動力を与えようとしたのだ。『言葉と物』は、主体の哲学——人間的実存の研究に特権を与える思想形態——への最も顕著な攻撃を露わにしている。そして、この本は、公然としたきわめて激しい彼の現象学批判を含んでいるのである。哲学的思考は近代のエピステーメーの逆説的苦境に囚われてしまっており、それゆえ、袋小路にぶつかってしまっているというのが、彼の主たる主張なのだ。フーコーは自覚的に挑発するかのように、フリードリヒ・ニーチェの神は死んだという有名な言明を模して、人間の死を公言したのだった。まさに、哲学的思考に新たな始まりを約束するものとしてニーチェが神の死を布告したように、フーコーもニーチェに倣ったのである。新しいエピステーメーを開拓するのに充分重要な出来事として、人間の死を宣言することで。「人間が消え去った後に残る空所」は、「今一度思考することが可能となる場所を開くもの」である、と。

フーコーにとって、人間は人間存在に該当する。ただし、それは、あるやり方、たとえば、古典期には可能でなかったやり方で理解されたものであるかぎりの人間存在のことである。彼は人間を、「経験的―超越論的二重体」と呼んでいる。このことで彼がいわんとしたのは、人間はあらゆる知の超越論的条件となる存在――世界に関するすべての知は、世界を経験する人間的やり方に合致しなければならない――であるのと同時に、経験的に研究され知られうる世界内存在でもあるということにほかならない。そう、人間は自律し理性的であるのと同時に、自らの手に負えない無意識の力や文化的営為の産物でもある。人間は社会実践と歴史的出来事の複雑なネットワークによって形作られている。しかし、人間の経験はそれら実践や出来事を解明する可能性でもあるのだ。

思考のこうした形式は決して必然的でもなければ問題ないものでもない、とフーコーは主張している。主体、知、歴史の間の関係について他のどのような考え方を思い描くことも私たちには困難であるとしても、人間が近代のエピステーメーの問題であるとフーコーは診断する。人間――自然界、人間的文化、歴史の結果であると同時に、意味の源泉でもある人間存在――に集中する思考様式は必然的に、曖昧で循環的なままである。現象学のような主体の哲学が示しうるのはただ、いかにして「経験的所与および経験を可能にするものが、終わりなき振幅において対のもう一方に対応するか」だけなのだ。

フーコーにとって、人間の死によって切り拓かれた思考の可能性は、言語の新たな理解と関係あるものだった。人間の誕生は、古典期のエピステーメーの崩壊ゆえに可能となった。しかし、私たちは再び、人間というこの新たなエピステーメーの存亡の危機に瀕しているのだ。そして、言語への問いが、私たちの直面している最も重要な問題になったのである。「私たちの思考の好奇心は今やことごとく、つぎのような問いに収斂している。そう、言語とは何か。言語それ自体をそのまったき十全性において出現させるためには、どのようにしたら私たちはその方途を見出しえるのか、に」。この問いは新たなエピステーメーの先触れである。人間より根源的な何かとしての言語の分析の内にこそ、思考の新たな可能性は存している、とフーコーは示唆しているのだ。言語は私たちの経験を言葉へと翻訳するために用いられる道具に過ぎないのではない。むしろ、経験そのものが、言語においてそれが概念化されるやり方によって形成されるのである。

言語が根本的に世界に関する私たちの経験を構成しているという理解の仕方はしばしば、哲学では言語論的転回と呼ばれている。その核をなす着想とは、私たちの思考と経験の必然的限界を言語が形作っているというものである。言語が私たちに理解させる何ものかだけを、私たちは経験できる。たとえば、エスキモーが有しているような雪に関する微細なちがいを多彩に記述する言葉を私たちはもっていないがゆえに、そのようなちがいを経験において区別することなど私たちは決してないのである。

このようにして、人間を超えた言語の重要性を強調することで、私たちの思考の光景において根本的転回が生じたことをフーコーは論証してみせたのだった。哲学的思考は今や、人間の経験よりもむしろ言語分析を、現実性の本性を理解する最も基本的なこととみなしている。たとえ、フーコーの著書あるいはポスト構造主義が新たなエピステーメーを総じて新規開拓したわけではないとしても、哲学における言語論的転回に形を与えるのに主役を演じたことに間違いはない。これこそがまた、二〇世紀を通じての西洋哲学における最も重要な展開の一つにほかならないのである。

しかしながら、個人より匿名的構造を重視したことは、この著作の影響および思想家個人としてのフーコーの影響を評価するのを困難にしているのである。『言葉と物』公刊に続くあるインタヴューの中で、フーコーは著者としての自らの立場を説明している。彼は、それが匿名的と理解されるべきと主張している。なぜなら、彼もまた、自身のエピステーメーの内側に位置しているからである。この本は、歴史的に特殊なディスクールの形態に属している。この形態こそが、私たちの思考の最前線へと言語の問いをもたらしたのだ。彼は自覚的に自らの分析を、当時言語をめぐって展開していたあらゆる洞察の一般的匿名性の内に位置づけている。著者は、「一冊の本の内に現前する。しかしそれは今日、いわれたあらゆる事柄を語る匿名的な『者（one）』なのである」[*14]、と。

その匿名性の強調にもかかわらず、『言葉と物』は、変化を引き起こした経験の一人称での報告、フーコーが滅多に用いない書き方をもって開始されている。ホルヘ・ルイス・ボルヘス――二〇世紀文学界の大立者の一人として真っ先に思い浮かぶアルゼンチンの作家――の一節をもって、『言葉と物』がいかにして生じているかを記述することで、フーコーはこの本を書き出しているのである。そこで、ボルヘスは、「とある中国の百科事典」を引用している。それは私たちのものとはまったく異なった思想体系をあらわすもので、動物を皇帝に属するもの、ミイラ化したもの、伝説上のもの、野良犬のようなカテゴリーへと区分しているのである。この一節は長らくフーコーを大いに笑わせた。そして、この経験が、彼の思考――私たちの思考、「私たちの時代の刻印を打たれた思考」――のよく知られた特色をことごとく粉砕したのである。そう、この奇妙な分類学への驚きこそが〔驚き（タウマゼイン）から哲学は始まる〕、あるやり方で思考の不可能性を打破し、自身の思考の限界を問うようフーコーに強いたのだった。

この機知に富んだ書き出しは、『言葉と物』の狙いを指し示している。たとえ、私たちが不可避的に自らのエピステーメーの内側に囚われていようとも、ある程度その限界に気づくようになるのは可能なのだ。まったく異なったことを背景にしてこそ、私たち自身の思考の無意識的構造ははっきりみえてくるのである。フーコーは明らかに、『言葉と物』における科学理論および分類化の自身による歴史的記述を、ボルヘスによる中国の百科事典のように機能させようとしている。彼の記述は、自らのものの秩序の下部に隠された構造があることを私たちに悟らせ、その脆さを経験させることになる。

たとえば、ルネサンスの自然学者アルドロヴァンディの著書『蛇と龍の話』についての記述を読んだ際、中国の百科事典を読んだ時と同様、その体験はほとんど混乱をきたすものとなろう。蛇に関してアルドロヴァンディが論じた章の一つで配列されている項目。そこには、解剖学的性質や習性のみならず、神話、蛇が捧げられた神々、夢、ダイエットのための蛇の使用までが含まれているのである。読者を彼／彼女自身の文化から引き離すことで、今は不可能にみえる思考形態がたんに可能であるのみならず、別のエピステーメーによって考える人々にとってはいかに理にかなった知の形であるかを示そうと、フーコーは目論んでいるのだ。このことが意味するのは、私たちの思考の現在形は、未来という優位な立場からはまさしく馬鹿げていて、不可能なようにみえるかもしれない、という事態である。こうして、私たちにとっての必然性は、同時にまた、まったく偶然的なものよりほかの何ものでもないことが判明するのである。

『言葉と物』は、哲学および思想史への主体中心的アプローチに代わるものを展開する試みに過ぎなかったわけではない。ほとんど認知されていないにせよ、それはまた、フーコーによる現在の歴史の一部を構成してもいるのである。そして、その狙いは、過去を理解することだけでなく、さらに加えて、私たち自身の思考様式の自明性に挑む経験をすることでもあったのだ。

第4章

文学の匿名性

著者とは、癌のようにたちの悪い危険な意味の増殖に、ある制限を加える者である。そう、人が自らの財産や富だけでなく、ディスクールや意味に関しても倹約する世界の内へと制限する者なのだ。著者は意味の増殖に関する節約原理にほかならない。したがって、私たちは伝統的な著者観念をすっかり逆転させる必要に迫られる。すでにみてきたように、私たちはこういうことに慣れ親しんできた。著者とは、無限の富と気前よさを備えた無尽蔵の意味の世界が預けられた著作の天才的創作者である、と。著者は他のどのような人間ともまったく異なり、あらゆる言語に関してあまりに超越的であると考えるのがつねであったがゆえに、著者が語り出すや否や、意味は増殖しはじめるのだ。しかも、無限に。

じつのところ、真実はまったく逆である。著者は著作を満たす意味の無限なる源泉などではない。著者は作品に先行しない。著者とは、制限し、排除し、選択する私たちの文化におけるある種の機能原理、すなわち、虚構の自由な合成、分解、再合成を阻止する原理なのだ。事実、天才として、絶え間なき創意の沸騰として、著者をあらわすことに私たちは慣れている。しかしじつのところ、それはまったく正反対のやり方で著者を機能させるため、である。……それゆえ、著者とは、私たちが意味の増殖を恐れる態度を印づけるイデオロギー的形象＝人物像にほかならないのである。

こういうと、虚構が著者という形象によって制限されない文化の形を、私が要求しているように思われよう。しかしながら、虚構的なものが絶対的自由状態で作用する文化を想像することは、純粋なロマンティシズムでしかない。そう、何か必然的なあるいは強制する形象を通過することなしに虚構が展開し、だれもの自由になるような文化を想像することなど。一八世紀以来、虚構の調整機の役割を、工業・ブルジョワ社会、個人主義と私有財産の時代にまったく特有な役割を、著者は演じ、さらにはさまざまに生じた歴史的修正を行ってきたのである。しかしながら、著者という虚構がその形式、複合性、その実存においてさえ、不変のままであるということが必然的とは思われないのだ。私たちの社会が変わる時、まさに変化の過程にある時、著者という虚構は消え去ると私は考える。そう、虚構とその多義的テクストとがもう一度、別の様式に従って機能するというやり方で。しかし、それはいまだある制約の体系をともなうだろう。もはや、著者ではないものの、決定され、あるいはおそらく経験されねばならないであろう体系を。

その身分、形、価値がどのようなものであれ、さらにはそれが従う取り扱いがどのようなものであれ、すべてのディスクールはその際、つぶやきの匿名性において展開するだろう。もはや、長きにわたり蒸し返されてきた問いを私たちが聞くことはないだろう。そう、本当はだれが語ったのか。じつは他のだれかだったのではないか。何の真正性あるいは独自性があるというのか。彼はディスクールにおいて、その最も深い自己のどの部分を表現したのだろうか、といった問いを。しかしながら、以下のような別の問いが生じてこよう。このディスクールの存在様態は何であるのか。このディスクールはどこで用いられ、どのように循環することができ、だれが自分自身のため専有できるのか。主体に可能な余地のあるディスクールの場所とは何か。さまざまな主体という虚構を、だれがわがものにすることができるのか。そして、これらすべての問いの背後に、無関心＝無差異の作動よりほかの何ものも、私たちはほとんど聞くことがないだろう。そう、語っているそれ（it）〔フロイトのエス（Es）が連想される〕にどんなちがいがあるというのか[*15]、と。

――「著者とは何か」

フランス戦後世代の指導的哲学者だったジャン＝ポール・サルトルは、一九四八年に『文学とは何か』という題名の論集を著した。そこで、彼は自らの問いにきっぱりと、こう答えている。文学の出発点、指導原理、その究極目標は、ひとえに自由にほかならない、と。著者は読者の思考を世界の圧制へと導き、世界をこれまで以上に大きな自由を必要としているものとして記述するのだ。著者の側からの自由へのこの現実参加は、良き文学の条件である。優れた小説はつねに、圧制に気づくようになることへの要求であり、自由を擁護することで、圧制を終わらせることへの関わり合いにほかならないのだ、と。[*16]

サルトルの見解の背景に反対することこそ、著者の役割および文学と自由との関係に関するフーコーの着想の斬新さをよりよく理解可能にする秘訣である。フーコーやサルトルに続く世代の人々にとって、文学的エクリチュールそのものを個人の表現という次元から切り離すという発想が最重要となったのだ。サルトルおよび文学に関して当時支配的だった見解に対抗して、文学的エクリチュールはそれ自体のみに言及し、そのエクリチュールがいかに評価され、読まれるべきかと書き手の意図は無関係である、とフーコーらは論じたのである。文学作品は、意味を授ける著者の現実参加、動機、意図に左右されない。たとえば、作家が自由と関わり合っているか否かは、作品そのものの価値とは関係ないのである。サルトルのメッセージが私たち自身を自由にすることであったなら、フーコーが自分自身をそこから自由にしたいと望んだ相手がサルトル――若き日のフーコーに彼が述べたあらゆることに加えて――だったことは、いささか皮肉だったといえよう。

思想史および科学的実践の機能の研究と同時に、一九六〇年代、フーコーのディスクール研究はもう一つの重要な方向――すなわち、文学――において展開した。そして、文学という主題に関するいくつもの影響力ある試論を公にしたのである。彼はしばらくの間、文学雑誌『テル・ケル』の周辺に集まった作家たちと交流があった。アヴァンギャルドな書き方に革命的役割を付与した『テル・ケル』の影響力あるムーヴメントの考えと、フーコー初期の思想は多くの点で符合したのである。ちなみに、この文学運動の参加者には、ジュリア・クリステヴァやロラン・バルトのような著名な思想家も含まれていた。

　個別的主体と言語との関係を別の見地から吟味することで、文学に関するフーコーの試論は、彼の科学史研究を補完するものであった。この場合、個別的主体は科学者ではなく、文学の著者である。しかしながら、フーコーの狙いは再び、私たちのディスクール分析における彼/彼女の意図および経験の卓越性に問いを付すことだった。私たちはディスクールそのものの意味、価値、機能性を理解しようと試みるべきであり、それらを書いた人々の頭の中に何が去来したかを問うべきではないのだ。こうして、フーコーの仕事における哲学と文学の次元は、徹底して縒り合わされることになったのである。

　秀逸な試論「著者とは何か」でのフーコーの出発点は、著者は死んだ――作者の意図は、作品の意味や価値の究極の源泉としてもはや機能していない――という主張にある。その代わりに、私たちが分析すべきことは、ディスクールを組織する際、彼/彼女の名がいかに機能しているかである。著者の名は他のだれかと同じ固有名ではない、とフーコーは論じている。物語的虚構に関して、著者の名はある種独特な機能を遂行する。たとえば、ある人がいくらかのテクストを一つにまとめ、それらを定義し、他のテクストから区別し対比させることを、著者の名は可能にする。もし、シェークスピアがこれまでいわれてきた生家で実際は誕生していなかったことが判明したとしても、私たちの彼の作品の読み方に影響は生じないだろう。しかしながら、ある手稿がベーコンでなく、シェークスピアによって書かれたことが見出されたなら、この発見は、私たちがその手稿を読み、評価し、分類するやり方に直接影響を及ぼすにちがいない。

私たちの文化には、そのような「著者という虚構」を生まれながらにもっているある種専用のディスクールが存在している。しかも、他のディスクールはそのような虚構を奪われているのである。たとえば、私信あるいは契約書に署名者はいるが、著者は存在しない。壁に書かれた匿名のテクストに書いた者はいるが、著者はいないのだ。著者という虚構は、私たちの社会におけるある種のディスクールにのみ特有のものである。しかも、こうしたディスクールは歴史的過程において変容してきたのだ。著者の同一性への問いなどまったくお構いなしに、文学作品——物語的であれ叙事的であれ——が受容され、評価されていた時代がかつて存在した。他方、たとえば宇宙論や医学に関する、今では科学的と呼ばれるテクストが中世で認められたのは、権威ある著者の名が印されている場合に限られたのである。その後、完全な逆転が生じたのだ。科学的ディスクールは今や、その著者の名を根拠に受容されることはない。その真理は、匿名で検証可能な性格を有するがゆえに認められるのである。一方、文学的ディスクールは生まれながらに著者を有している場合にのみ、受容されるようになった。科学的ディスクールとは異なり、文学の意味、地位、価値はだれがそれを書いたかという問いにかかっている。こうして、私たちの文化において文学作品の著者であることは、それを生み出すことだけを意味するのではない。歴史的・文化的に決定されるその作品について、ある特殊な機能を満たすことも意味しているのである。

著者の死が意味するのは明らかに、ペンあるいはコンピューターを用いて本を書く主体など存在しないということではない。むしろ、文学作品の意味および価値の究極的起源ではなく、著者は、作品の分類・組織化の偶然の付帯的原理なのだ。彼／彼女が文学作品の意味を支配する最高権力を授けられている一見したところ自然なあり方は、少しも必然的ではないのである。それは、この〔近代という〕時代特有のものにほかならない。

フーコーの見解によれば、近代というこの時代に、著者の役割はたんに偶然であるばかりか、強制的でさえあるという。私たちが哲学・文学作品を読むのは、それらを創作することで、著者が何を意味しようとしたかを見出すためである。フーコーに従えば、これこそが問題視されるべき事柄にほかならない。こうして、そのような斟酌に左右されない徹底して斬新なやり方での文学の読みが阻害されてしまうのだ。著者の名は何らかの方法で作品を組織化するだけでなく、それらを制限し、排除し、選別するのである。それは、虚構の自由な循環、操作、合成、分解を邪魔する手立てにほかならない。テクストの完全に自由な循環など決してありえないとしても、拘束の様式は歴史的に変化している。それゆえ、いつの日か、著者の形象によって制限されず、匿名のささやき、無限の意味の増殖に囲まれた文化に私たちが生きることが可能となろう。今日のインターネット時代を鑑みると、フーコーの洞察力はきわめて予言的に思われる。

書く主体の主導権とは無関係に意味を産出する言語の能力に関するフーコーの魅力的な記述はまた、唯一著書という体裁をとった彼の文学研究『レーモン・ルーセル』においても明白である。この本は通常、フーコーの主要著作という枠組みから除外されている。いわゆる主要著作とは異なり、この作品は歴史的ではなく、一般的に、彼の哲学的立場を展開したものとして読まれることもないのだ。しかしながら、フーコーがルーセルに興味を抱いたのは明らかに、言語の本性に関する実験を試みたルーセルの作品のもつ哲学的含蓄のゆえにほかならない。*17

彼がものした著作の何冊かで、ルーセルはとある方法を用いた。それは、死後出版された『どのようにして、私はこの類の本を書いたのか』に記載されている。その方法とは、同音異義語――同じ綴りあるいは発音でありながら、意味が異なる語――にもとづくものである。たとえば、「ストーク（stalk）」という語が挙げられよう。この綴りには、植物の一部〔茎、軸〕を意味する名詞と、だれかの後をこっそりつけることを意味する動詞とが存在する。ルーセルが同音異義語を用いたやり方は、ある単語を選び出し、それを前置詞àを用いて別の単語に連結するというものだった。こうして、これら二つの単語は元の意味とは別のやり方で理解され、彼に新たな創作あるいは特性を供給するのだ。たとえば、maison à espagnolettes といういいまわしは元来、イスパニア鍵という窓の掛け金を備えた家のことを意味する。が、ルーセルはこのいいまわしを、一組のスペイン人双子姉妹の血を引く王族あるいは王家についての挿話の基礎として用いたのである。これこそが、第二の意味にほかならない。

彼はまた、同音異義語の二つ目のタイプ――「two」と「too」のような綴りは異なるものの発音が同じ語――の実験も試みている。彼は、決まり文句、歌詞、詩の一行を類似の響きをもつ一連の語へと変形したのだ。これらの新しい語は、最初の何語かは同音異義的であるものの、全体としては明らかに互いが異質なものとなる。ルーセル御用達の靴屋の名前と住所 Hellstern, 5 Place Vendôme（エルステルン、サンク・プラース・ヴァンドーム＝エルステルン靴店、ヴァンドーム広場五番地）は、こう変換されている。Hélice tourne zinc plat se rend dôme（エリース・トゥルヌ・ザンク・プラ・ス・ラン・ドーム＝プロペラは亜鉛を回転させ、平らな部分はドーム状になる）。それはどちらもが同じように発音するからである。ところが、両者はまったく異なったことを意味している。靴屋の名前と住所が、「プロペラは亜鉛を回転させ、平らな部分はドーム状になる」になってしまったのだから。

彼（その）（(T)he）歌う小銭、一人集団＝単独行動する切頭の男、吐血で自分の名を書く雄鶏、フォガーの水母、食いしん坊の日傘……家族あるいは種族なきこれらの奇怪な事柄は、必然的な観念連合である。それらは数学のごとく正確に、同音異義語を統括する法則や最も厳密な秩序原理を遵守している。それらの事柄は不可避的なのだ。……最初から、どのような手段あるいは戦略もその成果を予測することはできない。その上、驚くべきメカニズムが優勢になり、事柄を変形し、同音異義語のゲームに従って、起こりそうもないことを倍増させるのだ。こうして、事柄の間に「自然な」絆を跡づけ、逆に細心の気配りをもってその事柄を救い出す。読者はこう考えるだろう。実際のところ、方法論的に処理された無作為の言語だけからなる想像力による気まぐれな戯言を、自分は認識しているのだ、と。

――『レーモン・ルーセル』

フーコーは明らかに、ルーセルの行った言語を用いた実験に魅了されている。なぜなら、これらの実験はある規則および原理に盲目的に従った機械的過程であるが、新たな美的意味を創造することを可能にしているからである。フーコーによれば、超現実的な美の機械様の産出は、言語が主体の主導権とは無関係に意味を生み出すという着想を例証している。サルトルとは対照的に、レーモン・ルーセルの作品における偶然による美の創造こそを、フーコーは魅惑的なものと認めたのである。一方、著作にあらわれる美は、自然における美のごとく、偶然のものであっては決してならない、とサルトルは論じていた。というのも、著作における美は、書いている主体の意図の成果にほかならないとみなしたからである。ルーセルの描いた信じがたい人物像や出来事は、偶然の組み合わせだった。それらは、精神錯乱による創意に富む想像力の空想的創造というよりも、言語の機械的処理による冒険の結果だったのだ。

ルーセル自身は、現実の表象を超えた作者の純粋な想像力だと断言している。しかしながら、フーコーは〔外的現実対内的想像力という〕この対立の両側面を捨象した。それは、この対立の背後にある言語に関する哲学的見解のゆえに、である。ルーセルの作品は現実の表象でもなければ、彼の想像力の戯言が外へと表出されたものでもない。彼の作品は、文学という分野において、哲学がいうところの言語論的転回を立証するものにほかならない。言語は、現実に関する主体の体験あるいは幻想や記憶といった主体の内的経験を記述し「翻訳する」だけでなく、現実そのものを形作っているという哲学的発想を、ルーセルの作品は例証しているというのだ。文学の目的は、できるかぎり忠実に私たちの経験を言葉へと翻訳することだけではない。フーコーの見解によれば、より重要なことして、新たな経験を創造することをも意味しているのである。

科学的ディスクールに関するフーコーの研究が分析したのは、科学理論および実践における暗黙の物事の存在論的秩序を言語が形成するそのやり方だった。そして、彼はまた、文学の言語がそれとは別の科学的でない非合理の存在論的領域を形作れることを論証したのである。この領域こそ、それにもとづいて、ちがった知覚的・実践的格子が可能となり、見ること・経験することの新しいやり方が生じてくる秩序の異なった経験からなるものにほかならない。『言葉と物』でフーコーは、文学が「一種の反ディスクール」を形成すると書いている。それは、科学的ディスクール同様、日常のディスクールをも統制する秩序原理から自由なものである。文学の狙いとはまさに、ディスクールの限界を侵犯し、その限界を可視的かつ論争可能なものにすること。さらには、「言語が自らの自由を見出せる形なき無言の意味しえない領野」としての言語における「狂気」を発見することなのである。

ジョルジュ・バタイユやモーリス・ブランショのような作家について論じた他の文学的試論においても、フーコーが焦点を当てているのは、私たちの日常のありふれた概念や経験の限界を逆説という地点へと超出していく実験的エクリチュールの能力であった。書くことすなわちエクリチュールは、統一する主体を消し去り、言語にその通常の境界線を越えさせるのだ。言語は、唯一それのみが世界に関する秩序づけられた合理的知を可能にする一方で、非現実的なもの、非合理的なものへの入り口でもある。構成的であると同時に、曖昧で匿名的な言語の本性は言語を、永遠に退行する地平、無限に豊かになる背景にするのである。この背景のもとでこそ、主体は新たな創造的やり方で、世界を思考し、経験することができるのだ。

文学研究についてフーコーが提起したのは、言語の本性および意味の起源としての書く主体に関する哲学的問いであった。主体に与えられた現象学的特権、さらにはこの特権が含意する言語の見方に挑戦しようと努めることで、フーコーはまた、意味を授ける主体という観念、その本性、主導権あるいは能力に結び付けられることのない自由の新たな構想を精緻に示そうと目論んだのである。サルトルとちがって、フーコーは自由を、主体の生得的＝内在的特性とみなすことはなかった。自由とは、彼／彼女が自身の作品に譲渡し、あるいは、そうすることのできる何ものかではない。自由は、言語そのものを、そして、言語を可能にする諸々の経験を特徴づけるものである。言語は、さまざまな経験を可能にする際限のない地平を形作っているのだ。

フーコーは一般的に、私たちの思考と経験の必然的構造を強調し、生得的＝内在的自由を否定したと解されている。しかしながら、そこには暗に、意味と経験の無際限の増殖を自由と理解する反人間主義的考えが擁護されているのだ。彼が示そうと試みたのは、私たちの思考がつねに、私たちの制御を超えた深遠なるディスクールの構造によっていかに制約されているかだけでなく、アヴァン＝ギャルドすなわち最前線で＝見張る〔前衛的〕エクリチュールを通して、私たちがその限界をどのように拡張しうるか、でもあった。フーコーにとって、文学とは、さまざまな決定要因に論争を挑み、世界の新しい経験の仕方を切り拓くものにほかならなかったのである。

第5章

考古学から系譜学へ

伝統的な意味における歴史と……系譜学との関係を私たちはどのように定義できるだろうか。もちろん、ニーチェによる名高い歴史に対する呼びかけ=叱責について吟味することはできよう。しかしながら、それに関してはしばらくの間、脇に置くこととして、ニーチェが現実に効力ある歴史（wirkliche Historie）を系譜学とみなした際の例を考察することにしたいと思う。……歴史のもつ意味が現実に効力ある歴史の次元になるのは、人間が不死なるものとみなしたあらゆる事柄を発展の過程内に位置づける限りのことである。私たちは信じ込んでいる。諸感覚は変わることないが、とりわけきわめて高貴で私心のないどのような感情も歴史を有している、と。本能に従う生命の過度の恒常性を私たちは信じ、過去と同様現在もまた、この恒常性が生命力を見境なく使いつづけていると私たちは想像するのだ。しかしながら、歴史に関する知は容易に、この統一性を分解し、その揺れ動く経過を描写し、その強さと弱さの契機=瞬間を突き止め、その動揺する君臨ぶりを明らかにするのである。本能のゆっくりとした練り上げを、自らに向き直し襲いかかることで、本能が情け容赦なく自己破壊に取りかかるその動きを、歴史に関する知はいとも簡単につかみとるのだ。それでも、私たちはこう信じ込んでいる。身体は生理学が独占する法則に従い、歴史の影響を被ることはない、と。しかし、これもまた間違いである。身体はきわめて多くの別個な諸制度から形成されている。身体は、労働・休憩・休暇のリズムによって体調を崩す。食べ物あるいは価値観、食習慣あるいは道徳法則によって毒されるのだ。その一方で、身体はさまざまな抵抗を構成する。「効力ある（effective）」〔wirklichの英訳〕歴史は、恒常的なものが存在しないことにおいて、伝統的歴史と異なっている。自己認識あるいは他者理解の基礎として役立つのに充分安定したものなど、人間において――その身体においてさえ――何も存在しないのである。歴史の包括的な見方を構成し、持続的かつ連続的展開として過去を再び跡づけるための伝統的装置は、体系的に分解されねばならない。こうして必然的に、認識による慰めという働きを助長するこれらの傾向を、私たちは捨て去る必要があるのだ。知は、歴史という旗印のもとでさえ、「再発見」に依存することはない。それは、「私たち自身の再発見」を徹底的に排除するものである。歴史が効果的になるのは、まさしく私たちの存在へ非連続性を導入するその度合いに応じてにほかならない。そう、ますます歴史が、私たちの情動を分裂させ、私たちの本能を劇化し、私たちの身体を多様化し、身体をそれ自体に対抗して配置するほどに。「効力ある」歴史は、安心を生み出す生命と自然の安定性を自己から奪い取るのだ。そして、至福千年の終末への声なき執拗さに夢中になるのを自らに許さないだろう。この歴史は、伝統的基礎を根こそぎにし、うわべだけの連続性を情け容赦なく分断するだろう。これこそ、知が理解のために作られるわけではないことの理由である。そう、知は切断するために作られるのだ。*18

――「ニーチェ、系譜学、歴史」

フーコーの試論「ニーチェ、系譜学、歴史」はしばしば、彼の思想における系譜学の時期の開始を告げるものとして読まれてきた。このテクストは系譜学という概念を導入しているが、この術語はフリードリヒ・ニーチェから借りてきたものである。そして後に、自身の企図をあらわすのに、フーコー自らが好んで用いるようになった。したがって、この試論は、フーコー流系譜学の方法論的宣言ではない。むしろ、ニーチェのテクスト、とりわけ彼の論文「生に対する歴史の利と害について」に関する詳細な読解にほかならない。系譜学という概念の使用はすでに、ニーチェの思想においても複雑で一貫性のないものだった。身体、その本性的本能と機能、あるいは想定されるところの無時間的な道徳的価値のような歴史をもたないとみなされた何ものかの批判的歴史化に、この概念は漠然と適用されていたのである。同じことはフーコーにも当てはまる。系譜学に対して、明確なあるいは体系的な定義を、彼が決して与えることはなかった。したがって、彼の系譜学の鍵となる特徴を、さまざまな著書、論文、インタヴューから集めてこなければならないのである。それゆえ、フーコーによる系譜学は、厳密な方法よりは重層化された批判の実践と解されるのが好ましいだろう。

ニーチェによる系譜学の最も有名な使用は、彼の著書『道徳の系譜学』に見出せる。そこで彼は、その歴史を跡づけることで、道徳の徹底した批判を提示しているのである。彼の論証は結局のところ、キリスト教によって想定された永遠の道徳的価値の拒絶へと立ち至っている。それは、これらの諸価値が奴隷の心理学的属性から発生していることを歴史的に示すことによって行われた。キリスト教道徳は元来、奴隷道徳にほかならない。自ら採用するよう強いられた属性を、奴隷が道徳的価値へと変換したのである。それが、謙遜＝卑下、謙虚、自己否定、従順にほかならない。それに対し、ニーチェが提唱した道徳は主人道徳である。その価値——誇り、栄誉、〔権〕力——は、憤慨する奴隷には罪深い自惚れのようにみえるだろう。しかし、ニーチェによれば、これこそが生の肯定であり、建設的なものにほかならないのである。

フーコーとニーチェの方法は、重要な鍵となる要素——批判として歴史を用いることのような——を分かち合ってはいるものの、フーコーの系譜学はニーチェ思想の忠実な適用ではなく、そのように読まれるべきでもない。たとえば、ニーチェが行ったような心理学的あるいは人種的説明を用いて、フーコーは仕事をしていない。それどころか、個別的主体および彼／彼女の心理学的属性の重要性に深く疑義を差し挟んでいるのである。フーコー自身もまた、ニーチェに忠実に従うよりも、自分自身の目的のためニーチェを用いることにより関心があると明らかにしている。*19

フーコーは自らの思想にとって決定的なものとなったいくつかの鍵概念を、ニーチェの系譜学から選び出している。そして、系譜学は「白黒はっきりせず、細かいところにこだわり、気長に史料にあたるものである」と書くことをもって、彼の試論「ニーチェ、系譜学、歴史」は開始される。こうした性格づけはすでに、彼が提示しようとした対立を暗示するものである。すなわち、一方で、高尚なる哲学体系が「永遠の真理、魂の不死性、つねに自己同一的な意識の本性」への安心をもたらす信念を主唱している。他方、自己を消し去り、自惚れることなき系譜学は、効果的かつ正確で、切断するものである。系譜学は歴史研究を含み、詳細な事実を史料から立証する。しかし、このことは系譜学が哲学的あるいは批判的衝撃を欠くことを意味しない。事実、まったく逆のことが真なのだ。系譜学の歴史的史料を用いる方法は、くだらない形而上学的思弁に徹底して挑戦的な哲学の新しいやり方を表象している。その目標は歴史化することである。これは、思惟の実践および形態がもつ無時間的かつ必然的な特徴に徹底して問いを付すためにほかならない。

一九七〇年代フーコー思想に起こった考古学から系譜学への移行は、自身の哲学的方法として史料を用いるのをフーコーが断念したことを意味しない。彼はまた、考古学を特徴づける主要な方法論的洞察の何一つとして放棄してもいないのである。このことは、伝統的に「素朴な」歴史に依拠することを意味するだろう。一九七〇年代初めに起こった系譜学への移行は、フーコーによる問いの焦点化の変遷にほかならない。科学史における彼の関心はもはや、ディスクール実践の発生に関する内的規則や条件への問いではない。あるいは、科学の発展が連続的か非連続的かという問いでもないのだ。その代わりに彼が向かったのは、権力諸関係と科学的知の形成との結び付きに関する研究だった。フーコー系譜学の主要な主張は、科学的実践を制御する諸規則はつねに、当該の社会の権力関係と結び付いているということである。知の領域と権力関係は本質的に互いに結び合わされている。この根源的な絡み合いこそ、フーコーが権力／知という混成体《ハイブリッド》によって言及しようとしたことなのだ。

その著書『監獄の誕生』において、一九世紀に科学の一つとして犯罪学が生じたのを議論することで、フーコーは知の形態と権力実践との絡み合いを描いてみせた。権力の特殊な一実践すなわち監獄と協力して、犯罪学が発展したことをフーコーは証明したのである。近代的監獄の目標はまさしく処罰することではなく、犯罪者を再教育し、更生させることにあった。その目的のため重要なのが、犯罪者に関する知を収集することにほかならない。たとえば、犯罪者の行為、心理状態、漸進的改善を記録することである。各囚人について詳細な報告を書くという実践が一九世紀中頃、監獄にどのように導入され、義務化されたかをフーコーは示している。そして、このような知こそが犯罪学の経験的データを形成し、一科学としての犯罪学の誕生を可能にしたことを論証してみせたのである。[*20]

刑事裁判への関心とその必要性が、犯罪学のような諸科学の発展を奨励した。こうして、監獄の作動が容易になるのがつねとなったのである。多かれ少なかれ首尾一貫した知の体系を正当化する手順、手段、目的に従って、権力のメカニズムがつねに配置されることをフーコーは立証した。監獄の効果的作動にとって重要なのは、懲罰的権力の行使を規制し、正当化する知の身体《ボディー》＝本体をもつことである。そして同時に、科学的知は必然的に〔権〕力の効力を所有するのだ。それもただ、科学的に正当化され、合理的で、一般的に受容されているという理由だけで。犯罪学が懲罰的権力の目的維持のため直接用いられていない場合でさえ、犯罪、犯罪者、監獄について人々が考え感じるやり方を、この学は決定しているのである。

科学哲学において、科学的知とその社会的・政治的文脈との関係性のこのような理解の仕方はしばしば、外〔面・因〕的と呼ばれている。それが意味するところは、私たちの社会的・政治的利害＝関心や必要性が、どのような種類の科学研究に資金提供を行い、それを奨励し、また反対に、科学的真理は私たちの社会的・政治的利害＝関心や必要性を形成するものの、科学そのものの内実がそれによって汚されることはないということである。換言すれば、どのような種類の問いが尋ねられるかをたとえ権力者が決定しうるとしても、科学がその問いに与える答えは、それでもやはり客観的真理にほかならない。犯罪学の場合、この学が供給する知を処罰の実践が必要とする事実は、この知そのものが何らかの点で偏向を被っていることをいまだ含意してはいないのである。

権力と知の絡み合いに関するフーコーの主張は時折、より強力なものを示唆している。彼はそのような関係性を、内的＝本質的と解していた。つまり、科学的知の社会的・政治的文脈はまた、科学的知そのものの内容をも決定しているというのだ。言い換えれば、犯罪学が権力者たちに与える答えはそれ自体、権力構造によって形作られている。たとえば、犯罪学は法の侵犯者（delinquents, 狭義では非行少年・少女）のさまざまな階梯を構成するが、その階梯のそれぞれが自ら生まれながらの特性を有し、独自の処置を必要とするのである。これら想定される客観的かつ科学的諸階梯は、その当時の社会的偏見や社会階層《ヒエラルキー》の反映にほかならない。犯罪者は、危険な性向や本能をもつ逸脱者・倒錯者である。フーコーはこうした知を「社会的亜種の動物学」と呼び、おぞましい例として初期の犯罪学者たちの仕事を引証している。たとえば、平均的知性を有することが示されたものの、「不正な道徳性」によって倒錯してしまった罪人には、生得的無能と特徴づけられる階梯に属する人々とは異なった処置が必要とされた。彼らは四六時中隔離されねばならない。そして、「やむをえず、彼らを他の人々と接触させる必要が生じた際には、鉄網で作られた軽装の覆面を着用させる必要がある」、と。

もちろん、このような極端な例は、すべての科学が同様に歪曲されていることをいまだ証明するものではない。あらゆる科学的真理は社会構築的なものであり、それゆえ必然的に、社会的・政治的価値や利害＝関心を負わされているという見解にどの程度フーコーが傾倒していたかには議論の余地がある。科学が社会的実践であると、彼は明らかに考えていた。どの社会も知を生産するための実践と制度を有している。したがって必然的に、科学の発展は個人の活動というより、むしろ社会的なものである。ある時代における科学的ディスクールの一定の型に特有な一連の規則や制約に、知の諸要素は従わねばならない。しかしながら、こうした見解は、あらゆる理論が同時に真でもあれば偽でもあるということを含意していない。つまり、客観的真理に到達する可能性を排除しないのである。社会的に形成されたあらゆる尺度から独立したものとしてではなく、科学的共同体が達成した一致する見解として、私たちは客観性を理解すべきなのだ。科学的共同体が批判を受け入れるかぎり、科学理論を形作る社会を背景とした信念――あるいは偏見――は問題化されることができ、客観的に真とされたことに関する一致は変更されうるのである。たとえば、初期犯罪学の諸理論は、その偏向を訂正した理論によって取って代わられたのだった。

権力と知の結び付きに関する分析を人間科学、「主体そのものが可能な知の対象として措定される」[*21]科学へと、フーコーは明らかに制限した。社会的に形成された私たちの背景的信念が必然的に、あらゆる科学的実践をある程度決定していようとも、人間科学の領域で、その影響はとりわけ強く危険なのは明白である。私たちが人間の行動より原子内部の粒子の行動を解釈しようと試みる時、たとえば、ジェンダー、人種、階級に関する私たちの暗黙の前提はその危険性を減ずる。

とりわけ一つの背景的信念、すなわち、人間〔類〕学的に普遍の特性が存するという想定を採用することに対して、フーコーは私たちに警告を発している。そう、あらゆる歴史的時代、すべての文化に当てはまる人間存在についての真理を採用することに対して。何かがすべての人間存在に妥当せねばならないことを確かめるや否や、それに照らして人間の行為が測られ判断される規範を、私たちは創造してしまっている。たとえば、人間のセクシュアリティを子を産む自然の普遍的欲動とみなす科学的見方を創設することで、私たちは実際のところ、性的行動の全射程をなおざりにしているのだ。それゆえ、系譜学は首尾一貫したものであってはならず、人間学的に普遍なすべての特性に関して体系的懐疑主義を含意している、とフーコーは説くのである。

人間本性あるいは主体に適用されうる諸範疇に関することであるかぎり、私たちの知の領域において、普遍的妥当性を有するものとして私たちに提示されるどのような事柄も、試され、分析される必要がある。「狂気」、「非行」、「セクシュアリティ」に関する普遍的特性を拒むことは、これらの概念がまったく何事にも当てはまらないことも、それらがいかがわしい原因からなる関心において発明された妄想《キマイラ》に過ぎないことも意味しない。しかしながら、これら概念の内実が時と場合によって変化するというたんなる観察にもとづく見解より以上のことを、この拒絶は含んでいるのである。そう、真理を語る規則に従って、主体が精神を病んでいることを認識するのを、あるいは、自らの性的欲望の様態において自分自身の最も本質的な部分を主体に認識させる原因となるのを可能にする諸条件について思いめぐらすことを含んでいるのだ。こうして、この種の作業に関する最初の方法論的規則は、以下のようになる。すなわち、人間学的に普遍な諸特性をその歴史的構造において問いただすよう、可能なかぎり大規模にこれらの特性を包囲することである。

——「ミシェル・フーコー 一九二六年——」

こうして、一定不変なるもの、あるいは、人間学的に普遍な特性は、頭ごなしに拒絶されるのではなく、徹底した歴史的問題化に晒されるのである。歴史をもたないと私たちが確信しているものも含むすべての事柄が綿密に吟味されるのだ。その中の重要なものの一つが身体にほかならない。「身体は生理学の独占的法則に従い、歴史の影響を免れている」と私たちは信じている。しかし、それは真実ではない、とフーコーは論じるのだ。私たちの身体もまた、社会の中でのみ実存しうる、と。たとえば、健康、ジェンダー、美といった規範に従って、身体は鋳造されている。ダイエット、エクササイズ、医学的介入によって、具体的に形作られているのである。要約すれば、身体もまた、歴史を有するのだ。系譜学は「身体のさまざまな歴史」である。セクシュアリティ、精神異常、犯罪性のような人間行動の複合的領域の純粋に生物学的な説明にことごとく疑問を付す典型的なものが、系譜学にほかならない。

権力と知に関するフーコーの見解には、科学は社会的知であると論ずる科学哲学の影響力ある立場と多くの共通点がある。しかし一方で、従来のどのような哲学的叙述とも区別されうる文体的特徴を、彼の系譜学は有してもいる。系譜学は、特殊なテクスト部門を例証するものと読むことができるのだ。[*22] 劇的な身振りやショッキングなイメージを扱う高度に修辞的で誇張法的な文体を、フーコーはニーチェと分かち合っているのである。一七五七年、国王殺しの咎によってロベール・ダミアンが公開拷問・処刑された様子の詳細な描写をもって、『監獄の誕生』はじつに巧妙に書きはじめられている。目撃者の報告から取ってこられたありとあらゆる身の毛のよだつ事細かな出来事を、フーコーは私たちに供するのだ。そう、灼熱のやっとこ、硫黄、溶けた鉛、沸騰した油、燃えている松脂で、ダミアンがどのように拷問にかけられ、その上で、四頭の馬によって彼の身体が引っ張られ、八つ裂きにされた様を。

系譜学のこの劇的特徴は時折、余分な誤魔化しであると非難されることがある。しかしながら、こうした表現〔象〕形式は、系譜学的批判上演の本質的部分にほかならない。なぜなら、系譜学的批判の鋭さは、読者に〔追〕体験を喚起する能力にかかっているからである。ショックを与え、私たちが今まで見るのを拒んでいたものを、系譜学は正視させねばならない。ダミアン拷問の描写は、私たちにはとてつもなく恐ろしく劇的に思われる犯罪者処罰の一あり方を例証している。が、そうした見方が当然とみなされたのは、ずいぶん昔のことでもないのである。近代的処罰の典型的様式に関するフーコーの主張の一背景を、この描写は形作っている。そして、『監獄の誕生』が照準を合わせているのは、ほかならぬこの様式なのである。

フーコーがニーチェと分かち合っているもう一つの文体的特徴、それは、不信と皮肉を合わせもつ態度である。最も高貴で崇拝されているものに対する懐疑主義的態度によって、系譜学は特徴づけられる。[*23] ニーチェの場合、それは道徳の忌まわしい起源を暴露することを意味している。一方フーコーでは、進歩という観念同様、改良に対する純粋に科学的で人間主義的なあらゆる動機に疑問を付すという形をとっている。たとえば、『狂気の歴史』で、ヒューマニズム的関心より効果的な管理体系を成就したいという欲望によって、精神病院も含む諸改革が動機づけられていることを、フーコーはすでに論じていた。真意が正反対であることを明らかにするため、公然と宣言された目標や目的を変節させようとのもくろみに、こうした皮肉は顕著である。監獄の歴史を描いた『監獄の誕生』で、明言された目的にもかかわらず、監獄の機能が実際のところ、犯罪を防止するどころか非行の産出だったことを、フーコーは論証している。そして、彼はこう注記してもいた。「監獄が犯罪を除去するのに失敗したという観察の代わりに、おそらくは以下の仮説を用いるべきだろう。そう、非行、すなわち、不法行為の特殊型、政治的あるいは経済的に危険が少ない――しかも、時折利用することさえ可能な――形を生み出すのに、監獄はきわめて上々の成功を収めたのだ、と」。

ニーチェの影響を公然と明言したにもかかわらず、フーコー思想の本質的要素は、系譜学の導入とともに変化したわけではない。考古学のような伝統的歴史記述から系譜学を区別するのは、系譜学が現実に効力ある歴史（wirkliche Historie）であることにほかならない。その要点は、過去を理解することではなく、私たちが現在をみる見方を変えることである。その狙いは、精神を病んだ者や投獄されている者のような周辺《マージナル》の集団だけでなく、その他の人々をも皆、「解放する」ことにある。そして、それは、必然的な科学的真理と私たちが思っている事柄の形成過程において作動している偶然性を示すことによって行われるのだ。

第6章

監獄

ベンサムのパノプティコン〔Panopticon, 一望監視方式〕は、この〔監視という〕組成の建築的形象である。私たちはそれがもとづく原理を知っている。周囲に環状の建物、中心に塔。この塔には、円環の内側へと開かれた広い窓が開けられている。周囲の建物は独房に仕切られ、そのそれぞれが建物一杯の幅をもつよう作られている〔建物の輪の太さだけ広がりをもつ〕。独房には窓が二つある。一つは内側に。塔の窓に対応するように。もう一つは外側に。一方の端からもう一方の端へと光が独房の中を通り抜けていけるように。その際必要なのは、中心の塔に監視者を配置し、各独房に狂人、病人、罪人、労働者、学生を閉じ込めることだけである。背後からの照明効果によって、まさしく光を背景によく見える形で、周囲の独房の中にいる囚人の小さな影を塔から観察することができるのだ。独房はそれぞれのための檻、一人一人の小劇場のようである。その各演者は一人ぼっちで、完全に個別化され、つねに可視的なのだ。一望監視的メカニズムは、恒常的に見、直接認識するのを可能にする空間的統一性を調整する。要約すれば、それは地下牢の原理を逆転させたものである。あるいはむしろ、――囲い込み、光を奪い、隠す――三つの機能の内、最初のもののみを遵守し、あとの二つを取り除いたのだ。充分な光と監視者の目は、究極的には保護してしまう闇より以上のものを捕らえる。可視性は罠である。何よりもまず、──消極的効果として──、監禁場所に見出されることになるすし詰めの群をなし蠢く大衆、ゴヤが描き、ハワードが記した人々を避けることを、このメカニズムは可能にする。各個人はそれぞれの場に、安全に独房へと幽閉される。そして、監視者によって真正面から見られることになる。しかも、側壁が彼に他の仲間と接触することを拒むのだ。彼は見られるが、自ら見ることはない。彼は情報の対象であり、コミュニケーションの主体では決してない。彼の部屋の配置は、中心塔とは対照的に、軸となる可視性を彼に課す〔中心塔の中は見えない〕。しかも、環の区分、この分けられた独房は、横の関係の不可視性を含意しているのだ。この不可視性こそ、秩序の保証である……。群集、詰め込まれた大衆、多様な交易の場、ともに溶け合う個人たち、集合的効果は廃止され、孤立させられた個人の集合によって置き換えられたのだ。監視者の視点からすれば、数えられ、監視されうる多様性によって、群集は置換されている。一方、収容者の側からすれば、隔離され、観察される孤独に取って代わられることになるのだ。
したがって、パノプティコンの主要な効果とは、権力の自動的機能を確実にする意識的かつ永続的可視性状態を収容者に引き起こすこと、つまり、たとえ監視がその行動において不連続であっても、効果上永続的であるように物事を配列することにほかならない。そう、権力の完成にその実際の行使を不必要にする傾向があるように。この建築的装置が、それを行使する人々とは無関係に、権力関係を創造し維持する機械であるかのごとくに。要約すれば、収容者自らが担い手となる権力状況に巻き込まれるように、物事を配置することなのである。

――『監獄の誕生』

一七九一年の日付をもつジェレミー・ベンサムによる理想的監獄パノプティコンの設計図は、フーコーが規律的権力と呼んだ新たな型の権力パラダイム〔理論的枠組〕となった。ベンサムは、啓蒙期の法学者にして政治哲学者。彼の監獄計画は、フーコーが系譜学的研究で重点的に扱うまで、たいていの場合歴史的畸形とみなされてきた。一方、フーコーにとってそれは、権力を心に抱く新しいやり方の際立った実例、「図式《ダイアグラム》」にほかならなかった。君主のような最高権力者にもとづくのではなく、新たな権力型は匿名的で機械的なのだ。つまり、外的拘束や見世物的暴力を通して機能するよりも、思慮ある用心深いまなざしの内面化によって作用するのであり、従属者《サブジェクト》＝主体を隠し、ともに集めるのではなく、彼らを可視化し、互いに分離させるものである。

系譜学期最初の主要著作におけるフーコーの挑発的主張。それは、そのようなパノプティコンが実際建てられることはなかったものの、その本質的要素は新たな権力の形、すなわち規律的権力を特徴づけるようになったというものである。学校、病院、工場、監獄のような近代社会の数多くの機構や空間のデザイン・構成に、これらの要素はあらわれている。一般に普及してはいるものの匿名的な監視を通して権力が行使されている規律社会に、私たちは生きているのだ。今日、オートマチック・カメラ、電子バーコード、モニター通話などの技術的により洗練された形を、規律的権力はなしている。が、作用原理は同じままなのである。

理想的監獄の建築意匠に関するフーコーの詳細な議論はまた、空間モデルへの彼の偏愛の実例でもある。フーコーにとって、哲学的に考えることは空間的に思考することにほかならない。あるインタヴューで、彼は自らの「空間への強迫観念」について詳細に述べている。そして、この強迫観念を通してこそ、権力と知の可能な関係についての考え方を見出したのだと注記している。[*24] 権力のある種の配分がその主体のより詳細かつ正確な知をいかに可能にしてくれるかを、具体的なやり方でパノプティコンが示しているのだ。個人の行いは恒常的に観察されうることでまた、詳細に査定されることも可能となるのである。そう、水準を測定し、行動を比較し、行為遂行《パフォーマンス》をランクづけることもできるのだ。収容者の行動、欲望、目的、経験を形成する今までよりさらに詳細かつ巧妙なやり方を考案する新たな応用を提供することで、この知は権力の効果を強化するのである。たとえば、規範からの些細な逸脱さえ処罰し、それに報いることを、この知は可能にする。そして、記述され、測定され、他のものと比較されうるだけでなく、矯正され、排除され、正常化される一「事例」へと、個人は変えられるのだ。フーコーが先の引用文で書いているように、可視性は罠である。なぜなら、権力によるその主体への恒久的支配を可視性が保証するから、つねに見られていることが権力関係を維持する。知の形、権力技術、その主体の間の本質的相互依存性を明らかにすることで、パノプティコンは近代権力の解剖学を明るみに出すのである。

考古学的分析で、科学的知の産出におけるその基礎的地位に疑問を付すことにより、フーコーは主体を再考しはじめたのだった。一九七〇年代に入り、方法論として系譜学を採用することで、主体構成のより包括的な説明を現に示すことが可能となった。それが主体化にほかならない。知的志向性、欲望、行動をともなう主体、社会的に認知された個人であることは、社会における権力／知のネットワーク内でのみ可能である。これが、フーコーの主要な主張だった。彼の見立てでは、すべての同一性が権力と知の実践を通して創造されている。権力関係は、前もって決定されている同一性をもつ主体間に存在するのではない。権力関係こそが、主体そのものを構成するのである。権力関係は行状を形作り、自覚の形を教え込む。権力ネットワークが境界を定める主体は、このネットワークを離れて存在することなど考えられえないのである。

『監獄の誕生』で、犯罪を行った主体――法を犯した＝非行をなしたと解され、自らもそう理解している個人――の権力／知ネットワーク内での構築のされ方を、フーコーは分析している。まず第一に、監獄中の諸実践が具体的に、彼らの身体を操作し、形成する。そう、訓練、制度、細々と詳しく決められた規則、恒常的監視、決められた食事、そして厳密なタイム・スケジュールを通して。行動の習慣とパターンがいったん壊され、新しいやり方で再構成されるのだ。つぎに、囚人の身体は科学的に分類され、査定される。初期の犯罪学的類型論こそ放棄されたものの、観察と査定の諸原理は広く普及したままである。囚人は、制度上矯正されるべき者であるのと同時に、科学的に研究される必要のある症例にほかならないのだ。

具体的な身体操作と科学的対象化の過程は、互いに増強し合っている。主体化は理論的客観化を可能にし、犯罪学や犯罪精神医学のような科学の誕生へと結実した。他方、これら呼応し合う諸科学の発展は、規律的技術の展開と合理化を手助けしたのだ。その上、これら二つの次元は、規範化〔正常化、標準化の意もある〕を通して、効果的にともに結び付いていったのである。科学的ディスクールは、規範《ノーム》として機能する真理を生み出すのだ。たとえば、ある特定の性別・年齢集団において、何が正常《ノーマル》な体重、血圧、性的パートナーの数かを、これらのディスクールは私たちに告げる。主体化は、これらの規範を内面化することで作用するのだ。正常なものに近づこうとの終わりなき試みの中で、私たちは自らの行動を修正する。そして、この過程で、ある種の主体になるのだ。個〔体〕性を共通の尺度へと還元することで、規範はまた、客観化を促進する。こうして、私たちは皆、曲線グラフ上の一点へと還元されることができるのである。

囚人に関することとなると、規律的権力の狙いは、彼らの関心あるいは欲望を抑圧することではなく、正常者として彼らを構成することにある。前近代的権力がダミアンの身体を切断したのと同じやり方で、身体を外的暴力に従属させることはもはやない。強制的権力は内面化され、囚人は自身の看守となるのだ。過去においても、権力および社会秩序へと身体は緊密に結び付けられていたが、規律的権力はこの点で、本質的に新しい近代的現象である、とフーコーは主張している。身体的強制の古い形とは異なり、規律的権力は犯罪者の身体を切断したりしない。より深遠かつ細やかなやり方で、その身体を形成するのだ。犯罪者は文字通り、権力目標を身体化する。そして、その目標こそが、彼／彼女自身の目標および行動の規範となるのだ。フーコーは詩的に書き記すことで、それをこう定式化している。囚人の「魂」──彼の最も真正なる部分と想定されるもの──は実際のところ、彼の身体の主体化＝従属化（subjection）の結〔効〕果にほかならない、と。

私たちに記された男、私たちが自由にするよう要請されたこの男は、すでに彼自身において、自身よりはるかに深い主体化の結〔効〕果にほかならない。「一つの魂」が彼の内に住んでおり、それ自体権力が身体上に行使する支配の要因である実存へと彼をもたらすのである。魂は、政治的解剖学の結〔効〕果であり、道具である。魂は身体の監獄なのだ。

――『監獄の誕生』

『監獄の誕生』は、権力、知、主体間の関係性の深遠なる分析および哲学的再考にとどまらず、私たちの処罰実践の系譜学的批判でもある。このことはまた、フーコー個人の体験から生じてもいる。彼は友人・同僚の何人かとともに、GIP（監獄情報グループ）を一九七一年に創設している。その目的は、フランスの監獄内部の不寛容な諸条件についての情報を、主としてじかに体験した人々から収集し、それを公表することにあった。こうして、その狙いには、政治闘争における知識人の役割に関するフーコーの考えが反映されていた。何をすべきかを人々に語ることで、改良を示唆することが問いなのではない。既知の現実性の諸様相を受け入れないようにするため、知識人の可視的で尊敬を集める地位の用い方が問われているのである。監獄内外での暴動やハンガーストライキが口火を切ったことで、政治的暴力、死刑、フランスの監獄内の非人間的状況が、一九七〇年代フランスの公的・政治的課題において主要な場所を占めることとなったのだ。こうした文脈から、『監獄の誕生』は当初、その現代政治との係わり合いの点から読まれたのだった。その公刊はかなりの評判を呼び、監獄教育および社会事業サーヴィスに「衝撃波」が走ったのである。*25

『監獄の誕生』はまた、系譜学的批判の本質的特徴を力強く例証している。近代の刑務所機構がそれに先立つ地下牢や公衆の面前での見世物的拷問から発展した様を、史料を用いて証明してみせた詳細な歴史的研究として、この書はあらわれたのである。近代的監獄の機能における内的矛盾およびその歴史的偶然性を示すことで、この発展の必然性に疑問を呈したのだ。この本は、道徳主義的語りを差し控え、代わりに、純粋に記述的言語で近代の刑罰実践の、暗黙の、しかしながら時折白日の下に晒される合理性の分析を提出しているように思われる。しかしながら、その文体と実例は明らかに、政治的含意と道徳的価値をともなっている。たとえば、ついでとはいえ、フーコーは一九七二年にフランスで行われた死刑執行について言及しているのだ。その執行はダミアンの場合と異なり、秘密裡に行われたと、彼は注記している。ギロチンは監獄の内側に置かれ、その光景を記述した者はだれであれ、起訴される羽目になる、と。一九七〇年代フランスの死刑は、「法と刑を宣告する人々の間に奇妙な秘密」を形作っていたのである。

批評がたんに、現時点の刑法体系の否定的側面の弾劾を意味するだけなら、自分は『監獄の誕生』を批評の仕事を意図して書いたわけではない、とフーコーは注意を促している。

私が暴露しようとした思考体系、合理性の形式、それらは一八世紀の終わり以来、監獄が実際のところ、社会における犯罪を処罰する最良の手段、最も効果的で合理的な方法の一つであるという考えを支えてきたものにほかならない。しかし、私にはこう思われて仕方ないのだ。刑罰体系の改善が問われた際、とっくの昔に定義され適所に置かれた合理性の体系を、改良者たちは暗黙に、時には公然と、きわめてしばしば受け入れてしまっている、と。しかも、その体系の図式を実現し、目的を達成できる機構や実践が何であるのかを、彼らは発見しようと試みているに過ぎないのである。刑罰実践の背後にある合理的体系を明らかにすることで、私が指摘したかったのは、刑法体系を変えたいのなら再吟味する必要のある思考の公準とは何か……その合理的体系のどのような要素が今なお、受け入れ可能なのか。他方、廃止し、放棄し、変える等々の必要のある過去とは何か、なのだ。[26]

――「何が処罰と呼ばれているのか」

フーコーの系譜学的批判の重要な教え、それは何かを批判に開かれたものにするには、それをまず理解できるようにすることが必要であるという彼の主張に要約されよう。私たちの実践に横たわる合理性を理解してのみ、実践における実質的かつ永続的な変化を作り出す希望を私たちはもつことができる。しかも、それはたんに、同じ原理による別の実践と取り替えることではないのだ。近代の刑罰制度の強制的実践が、苦痛による報復をもっぱら狙ったものとは著しく異なった手段を用い、異なった合理性を通して、いかに作用しているか。私たちがそれを理解できるのは、規律的権力の分析をおいてほかにないのである。この分析は効果的に、現在の刑罰体系の二重の役割を明らかにする。それは、処罰することと同時に矯正することを目指している。それゆえ、この体系は、司法上および人間学上の実践を混合したものなのである。

たとえば、一九世紀初めに起こった法の領域への精神医学の介入は、刑罰実践における犯罪から犯罪者への焦点化の漸進的移行の一部である、とフーコーは論じている。

「危険人物」という新しい発想が、彼／彼女に内在する潜在的危険に言及することになる。こうして、刑罰体系の目標は処罰するにとどまらず、矯正こそがより重要であることが含意されるようになるのだ。目的、合理性、内在的論理におけるこの変化は、刑務所制度およびそこでの実践の新たな型の誕生へと結実する。技術的知の新しい形――犯罪精神医学――の出現なしには、目下の体系において効果的やり方で、この新たな合理性が機能するのは不可能である。この学こそ、さまざまな行為のもとに、彼／彼女自身における犯罪者個人の特徴化＝性格化を可能にしたのだ。しかしながら、この合理性はまた、支配・暴力の狡猾な新しい形の出現へと結果してもいるのである。

このように、公然と非難するため、フーコーは処罰実践を分析しているのではない。また、具体的代替案を考案しようと企てたわけでもないのだ。これらの実践の合理性に疑問を呈することで、読者に応答を喚起しようと、彼は試みたのである。『監獄の誕生』の永遠なる批判的衝撃は、近代の処罰制度において作動している主体化の過程を空前のスケールで明らかにしたその能力にこそあるのだ。近代の監獄は、収容者の自由を奪うことで処罰したのではない。この監獄は、法を犯す主体＝非行者、危険な犯罪的素質を有するさまざまなタイプの人間たちを生み出したのである。

第7章

抑圧されたセクシュアリティ

こうした流れに沿って議論を続けていけば、いくつかの命題を提出することが可能となろう。

――権力は獲得され、奪取可能で、分かち合える何ものかではない。人が手放さず、失われたままにしておく何かではないのだ。権力とは、数えられないほどの点から、不平等で可動的な関係の相互作用において行使されるものにほかならない。

――権力関係は、他のタイプの関係性（経済過程、知の類縁性、性的関係）に関して、外なるものの位置にあるわけではなく、これらの関係性に内在するものである。権力関係は、さまざまな関係性において生ずる分割、不平等、不均衡の直接的結果にほかならない。そして逆に、権力関係は、これら差異化の内的条件である。この関係は、禁止あるいは付帯的役割をたんにともなう上部構造の立場にあるのではない。権力関係が作動しはじめるところならどこでも、この関係は直接の生産的役割を有するのである。

――権力は下からやってくる。すなわち、一般的基盤として役立ち権力関係の根本にある、支配する者と支配される者とのすべてを包括する二項対立など存在しないのである。そう、頂点から下へと広がっていき、ますます限定された集団へと社会体の最深部まで作用し合うそのような二元性などないのだ。むしろ、想定すべきは、生産機構、すなわち、家族、限定された集団、制度で具体化し、作動しはじめる多種多様な力関係が、社会体全体にまで行きわたる裂け目の広範囲にわたる影響の基盤にほかならないということである……。

——権力関係は意図的かつ非主体的である。実際、権力関係が理解可能なら、それは、権力の関係が自らを「説明する」別の事例の結果だからではなく、むしろ、権力関係が徹頭徹尾、打算的なものに終始するからにほかならない。一連の目的・目標なしに行使される権力など存在しないのである……。

——権力のあるところ、必ず抵抗が存在する。にもかかわらず、あるいはむしろその結果、この抵抗が権力の外部に位置することは決してないのである。人はつねに、権力の「内に」ある。権力を「免れること」はない。この件に関して、絶対的外部など存在しない、とでもいうべきであろうか。なぜなら、ともかくも、人は法に従属しているからである。あるいは、歴史は理性の狡猾であり、権力はつねに勝者として姿をあらわす歴史の狡猾とでもいうべきか。

これでは、権力の関係性の厳密に合理的な性格を誤解することになろう。権力関係の実存はひとえに、抵抗点の多様性にかかっている。権力関係の敵対者、標的、支持者、あるいは、取っ掛かりの役を、抵抗点は演じているのだ。これら抵抗点は、権力ネットワークの至るところに現前する。したがって、大いなる拒絶の唯一の場、反逆の魂、あらゆる反乱の源泉、革命家の純粋な法など存在しない。存在するのは抵抗の複雑性であり、抵抗のそれぞれは特殊な事例にほかならない。つまり、可能で、必然的で、起こりそうもないさまざまな抵抗。自発的で、凶暴、たった一人での、協定を交わした、荒々しく、暴力的な別の抵抗。さらには、素早く折り合い、利害関係のある、あるいは、犠牲的な抵抗さえ存在する。定義上、諸抵抗が存在するのは、ただ権力関係の戦略的領域においてのみである……。[*27]

——『性の歴史』第一巻『知への意志』

『性の歴史』第一巻〔『知への意志』〕中、三ページにわたり、最も影響力ある現代権力理論の一つが、短い命題の形で提出されている。残された人生を通して、多くの試論、講義、インタヴューで、フーコーは自身の権力理解を解明し展開しているが、この三ページにこそ決定的な彼の着想が提示されている。当初、『性の歴史』は比較的読みやすいように思われたにもかかわらず、それを欺くかのように内容は濃く、難解である。権力に関するこれらの命題が明示しているように、広大な理論的動きが切り詰められたスペースに性急な筆致で記されているのだ。

フーコーが行った権力の再考はとりわけ、一九七〇年代に支配的だった二つの概念モデル、すなわち、自由主義とマルクス主義による権力の概念化を批判の対象としている。問題は、これらの理論の「経済主義」にある。どちらの伝統的理論も、経済モデルを通して権力を捉えているのだ。「自由主義的」あるいは「法律的」モデルでは、権力が商品財とみなされている。まさに、商品財を交換するやり方で所有したり交換できる何かとして、権力が把握されているのである。こうした見解に対して、権力は、それが行使される時にだけ実在することをフーコーは証明した。権力は商品財のようなものではなく、関係性における行動である、と。彼はまた、自由主義的伝統における契約、権利、法、合法化への過度の焦点化も批判している。こうした概念的枠組を用いて、近代権力の巧妙な作用やメカニズムを説明することは不可能である、と。規律的権力は、合法／

非合法の二項対立的区分に従って機能していない。たとえば、健康／病、正常／異常といった軸に沿って作用することで、はるかに巧妙な区分を用いているのである。

他方、マルクス主義モデルは権力関係を経済関係、すなわち、経済的術語で定義された以前から存在する二つの階級〔ブルジョワ対プロレタリアート〕の敵対関係へと還元してしまう。それを批判して、支配する者と支配される者という二元構造ではなく、権力関係が形成しているのは社会全体を横断する濃密なネットワークである、とフーコーは論じたのだ。たとえば、一般化されたブルジョワおよびその利害関係という定式に与することは、権力関係の多様性や多彩さを、二階級間の過度に単純化された対立へと還元することを意味する、と。権力の中心を、あるいは、支配する個人、機関、階級を探し求めることから始めてはならない。家族、職場、日常実践、周辺的制度といった末端のものに焦点を合わせる「権力のミクロ物理学」を構築すべきである。上から下ではなく、下から上へと権力関係を分析し、さまざまに異なった、しかし、交差し合うネットワーク内に主体を構成する無数のやり方を研究する必要があるのだ、と。

さまざまに交錯するネットワーク内を社会の隅々まで分散させられているにもかかわらず、権力は、合理性、一連の目標・目的、それを達成するための諸手段を有するのである。これは、どの個別的主体もこうした手段を意識的に編み出していることを意味しない。パノプティコンの例が示すように、塔から監獄を監視する個人の意図や動機とは無関係に、明白な合理性に従って、権力はしばしば機能するのである。ほとんど無作為に選ばれたどのような個人であれ、このシステムを操作することはできるだろう。独房の空間的組織化は恒久的可視性を保証し、収容者に可視性の自覚を徐々に教え込むのだ。同様に、だれ一人として、社会に機能する権力関係の複雑なネットワークを指揮することはできない。一見したところ権力を掌握している人々、たとえば、監獄の守衛と監視下にある人々はともに、権力ネットワークの合理性に絡めとられているのだ。彼らの行動は、自らが編み出したのではない実践の諸規則によって規制され、大部分決定されている。しかも、彼らはそのことに必ずしも気づいてさえいないのである。

しかしながら、権力は高圧的制限の決定論的体系を形作ってはいないのだ。というのも、権力は実践の不安定なネットワークと理解されているからである。したがって、権力あるところにはつねに抵抗が存在する。抵抗は、これら実践の、そして、その力学の一部である。したがって、権力の外部に位置することは決してない。権力の中心などまさしく存在しないように、抵抗の中心も権力の外側のどこかにあるわけではない。抵抗は権力関係に内在する。それは、「権力関係の対の片方」にほかならないのだ。権力関係は社会全体へと行きわたっているが、その密度にはむらがあり、濃密な部分と希薄な部分が存在するのである。

すべての権力関係は質的に同一でありえない。後年のインタヴューでフーコーは、自らが個人間の戦略的関係と呼ぶものと支配状態とを区別している。*28 戦略的諸関係は、個々人が他者の行いを決定しようと試みるやり方に該当する。この関係は、必ずしも何らかの点で有害とはかぎらない。フーコーが提出している例は、教師と生徒間の関係性である。これは明らかに、教師が生徒の行いを決定しようと企てる権力関係にほかならない。これらの関係性が相互的同意にもとづき、逆転可能なかぎり——たとえば、生徒が教師の遂行能力を評価できる場合〔学生による授業評価など〕——、そこに抵抗の土壌は存在しないように思われる。

他方、支配状態は、個々人が権力関係を転覆させ、変えることができない状況のことを指している。たとえ権力関係が本質的に流動的で逆転可能なものであれ、通常この関係を特徴づけているのは、諸制度を通して安定したものになってしまっているということにほかならない。このことが意味するのは、権力関係の可動性は制限されており、制度化されてしまっているために、鎮圧するのが困難な拠点がいくつも存在するということである。換言すれば、人々の間の戦略的関係は硬化してしまっている。こうした状況下では、支配関係を戦略的関係へと変形させる抵抗の形を展開するよう試みるべきである。

こうして、権力関係によって構築された社会領域の外へと歩み出ることは不可能であるものの、権力関係に変化をもたらすことは可能である。すなわち、支配状態から主体を解放し、権力関係が変換可能で可変的状況へと主体を晒し、権力関係を変える戦略を考慮に入れることはできるのだ。さらに、公然の課題として、フーコーは以下のようなことさえ定めている。

個々人が行為し、他者の行動を規制しようとする手段として、あなたが権力関係を理解するなら、権力関係なき社会が存在しうることなど、私には信じがたい。問われるべきは、完璧に透明なコミュニケーションを有するユートピアへと権力関係を解消しようと試みることではない。法の規則、管理の技術、そしてまた、倫理、気風《エートス》、自己実践をその人の自己に与えようと企てることこそ、問いなのである。なぜなら、これらの事柄は、最小の支配で、権力ゲームを遊動させるからにほかならない。

――「自由の実践としての自己への配慮の倫理」

権力からの完全な自由など存在しえないが、さまざまに異なる支配状態からの「特定の」解放はありえるし、そうさせることができよう。そう、過酷な権力関係およびある種正常化する技術の影響からの解放は。

フーコーによる権力に関するこれらの命題はひとえに、『知への意志』の主題、すなわち、セクシュアリティを再考するための概念的道具として目論まれたものである。この『性の歴史』第一巻の主要目的は、セクシュアリティと権力との関係性の配置を変えることにほかならない。権力は自然なセクシュアリティの顕現を抑圧するのではなく、その顕現を産出しているのだ。『知への意志』は、七巻からなる大規模な著作群への短い導入のつもりで書かれている。残りの六巻すべてが実現することはなかったが、二〇〇ページ弱のこの導入の書は、私たちが行うセクシュアリティの概念化を根底から転換させることとなったのである。

この本は、いわゆる「抑圧仮説」の拒絶をもって始まっている。抑圧仮説とは、ヴィクトリア朝時代、セクシュアリティは抑圧されており、セクシュアリティに関する言説《ディスクール》は沈黙を強いられていたという考えのことである。性をめぐる近代社会の第一義的態度を特徴づけるのは抑圧などではない、とフーコーは主張している。むしろ、セクシュアリティは新たな類のディスクール——医学的、法的、心理学的——の対象となり、性をめぐる言説は実際、多様化したのである、と。セクシュアリティは、解けないほど真理と結び合っている。これら新たなディスクールは、私たちのセクシュアリティを通して、私たち自身についての科学的真理を私たちに語ることができるのだ。

こうしてセクシュアリティは、ある人物の道徳的価値のみならず、彼／彼女の健康、欲望、同一性をも決定する本質的構成概念となったのである。主体にはさらに、自らのセクシュアリティの詳細を告白することで、自分自身についての真理を語る義務が生じたのだ。告解という宗教的技術の世俗化によって、近代のセクシュアリティが特徴づけられることをフーコーは証明した。もはや、自身の性的欲望の詳細を司祭に告解することはない。その代わり、人は医師、セラピスト、心理学者、精神科医のところへ行くようになったのだ、と。

一九世紀に生じた社会――ブルジョワ、資本主義、工業社会など、好きなようにお呼びいただいて結構だが――は、認識の根本的拒絶へと性を直面させてなどいない。逆に、この社会は、性に関する真なるディスクールを生み出すべく、全組織を挙げて取り組んだのである。この社会は、性について語り、だれもにそうするよう強いただけではない。性に関する同型的真理を定式化するよう企てさえしたのである。

――『性の歴史』第一巻『知への意志』

『知への意志』は一九世紀に近代的セクシュアリティが発生したことに関する歴史的研究であるが、フーコーの狙いは今一度、現代を概念化することにこそあったのだ。一九六〇年代および七〇年代に普及していたセクシュアリティの考え方は、人間であるという理由だけですべての人が分かち合っている自然で（natural, 本来的の意も）健全なセクシュアリティが存在するというものであった。ところが、ブルジョワ道徳や資本主義的社会―経済構造のような文化的禁止や慣習によって、こうしたセクシュアリティは今や、抑圧されているというのである。抑圧されたセクシュアリティこそ、さまざまな神経症の原因にほかならない。したがって、能動的《アクティヴ》で自由なセクシュアリティをもつことが重要なのだ、と。こうして、セクシュアリティに関する通俗的ディスクールは熱烈に、性の解放に賛同する論陣を張ったのである。そう、抑圧的権力メカニズムから、私たちの真のセクシュアリティを解放すべきである、と。

そこで、私たちのセクシュアリティの概念化および経験が、実際のところつねに、いかに権力の特殊な文化的習慣およびメカニズムの結果であり、こうした習慣やメカニズムと無関係には存在しえないのを示すことによって、フーコーは当時の通俗的見解に異議を唱えたのである。精神疾患同様、セクシュアリティは社会の中にのみ存在しうる。私たちの抑圧されたセクシュアリティを解放せよとの使命は、根本的にミスリードされたものにほかならない。なぜなら、解放すべき真なる自然なセクシュアリティなど存在しないからである。一連の規範から自身を自由にすることは、それらの代わりに異なった規範を採用することしか意味しないのだ。それはまさしく、命法的で正常化＝規範化するものであることがわかるだろう。フーコーは嘲笑的に、こう記している。セクシュアリティへの私たちの際限なき没頭という皮肉は、自らを解放するのに必要な何かをセクシュアリティがもっていると私たちが信じていることにほかならない、と。

セクシュアリティと抑圧的権力との一般的に容認されている関係性に異議を唱えるため、フーコーは権力の本性について再び考え直さざるをえなかった。彼の主な主張は、権力は本質的に抑圧的でなく、生産的なものにほかならないということであった。自然なセクシュアリティの真なる本当の表現を抑圧し、禁止するよう、権力が作用するのではない。文化規範的実践や科学のディスクールを通して、私たちが自身のセクシュアリティを経験し心に抱くやり方を、権力は産出するのだ。したがって、権力関係は、私たちの性的同一性の「内的条件」である。

『性の歴史』第一巻の終わりで、フーコーは生権力という有力な概念を導入している。この概念は、抑圧的でなく、生産的な権力という考えをより見事に描き出すものである。生権力は抑圧的でもなければ、破壊的でもない。本質的に生を保護するものとして姿をあらわすのだ。生権力は、個々人の身体的健康や人口に焦点を合わせる。そして、たとえば、人口増殖、誕生、死亡の規則的調節、健康や平均余命の水準といったものを結果としてもたらすのである。生権力は健康および幸福であることに腹蔵なく関心がある一方で、きわめて効果的な社会制御の形式でもある。それは、誕生前より死ぬまでの時間から、個々人の生の経営管理を引き継ぐものにほかならない。生権力の例は、監獄や矯正労働収容所といった抑圧的機構ではなく、産科のような面倒をみる機関なのである。その明白な目標は母子の健康であるが、妊娠の医学化や家庭生活の社会的制御の強化といったより問題含みの狙いや効果をも、産科は有しているのだ。医学の専門家が、以前は私的なものとみなされていた生の経験や領域に介入してくる。例を挙げれば、子どもをいかに産むべきかの決定を下す権力は、妊婦から医学的専門家へと委譲されてしまったのである。

フーコーによるとりわけ近代の権力形態としての生権力分析は、今日の社会における医学的介入に対する批判の先駆けとなっている。生の領域が広く医学化されればされるほど、生科学的管理へとますます立ち至る。フーコーは医学化に対して明確な判断を避けているものの、その増長を可能にした理論的基盤および歴史的過程を暴露したのだ。結局のところ、生権力という考えが光を当てたのは、生科学的知が権力の重要な道具として機能し、近代社会における人々の社会─政治的制御を支えるそのやり方にほかならない。

第8章

真なる性

私たちは本当に真なる性を必要としているのだろうか。強情に近い執拗さをもって、近代西洋社会は肯定の答えを奉じてきた。西洋社会は、「真なる性」という問いを事あるごとに利用してきたのである。そう、考慮に値するすべては身体の現実および快の強度であると想定される物事の秩序において。

しかしながら、法や医学が半陰陽者＝両性具有者に与えた地位の歴史が証明するように、そのような〔真なる性への〕要求は長い間行われていなかったのだ。実際、半陰陽者が一つの性――ただ一つの、真なる性――をもたねばならないという公準が定式化されるまでには、非常に長い時を要したのである。数世紀にわたり、半陰陽者が二つの性をもつことは端的に容認されていたのだった……。

セクシュアリティに関する生物学的理論、個人の法的概念化、近代国家における行政管理の形式は徐々に、一つの身体に二つの性が混在するという考えを拒絶するようになった。結果、不確定な個人の自由選択を制限することに至ったのである。それからは、だれもが一つの性を、しかも、一つの性のみを有することになったのだ。すべての者が、彼／彼女の一義的で深遠なる、決定され決定する性的同一性をもつとされたのである。姿をあらわしたもう一方の性に関しては、たんなる偶然の予期しない表面的なもの、それどころか、まったくただの錯覚に過ぎないとされたのだ。医学的観点からこのことが意味するのは、半陰陽者と対面した際、医師はもはや、並列し混ざり合っている二つの性の現前を認識すること、あるいは、二つのどちらがもう一方に勝るのかを知ることに関わる必要はない。彼の関心は、曖昧な見かけの背後に隠された真なる性を判読することにある、ということだ。いわば、医師は、身体から解剖学的欺きを取り除き、対立する性の形を装った器官の背後に真なる性を発見する必要がある。観察し診察する術を知る者にとって、性のこれら混交は、自然の偽装に過ぎない。半陰陽者はつねに、「擬似―両性具有者」である。少なくとも、これこそが、一八世紀、重要かつ情熱的に論じられたいくつかの症例を通して、信用を増していったテーゼにほかならない……。

こうした還元的な過度の単純化に関して、一九世紀および二〇世紀の医学が多くの訂正を行ったことは、私も充分自覚している。今日、半陰陽はすべて「偽」であるという者などだれもいまい。たとえ、多くの種類の解剖学的畸形が以前は分け隔てなく認められていた領域が、かなり制限されてしまったとしても。だから、ある個人が生物学的に自分のものでない性を身につけることもありうると、やっとのことで賛同を得てもいるのである〔性同一性障害のこと〕。

それでもやはり、実際のところ最終的に真なる性をもつべきであるという考えが完全に一掃されたとはとてもいいがたい。この点に関して生物学者の見解がどのようなものであれ、性と真理の間に複雑で不明瞭な本質的関係性が存在するという考えは、——少なくとも、広く普及した状態で——精神医学、精神分析、心理学はもとより、現にある世論にも見出せるものである。*29

——『エリキュリーヌ・バルバン——最近発見された一九世紀フランスのとある半陰陽者の回想録——』

エリキュリーヌ・バルバンは、性とセクシュアリティに関する科学的理論が卓越性を獲得した一九世紀末を生きた両性具有者の一人だった。バルバンは誕生時、女性と認知された。が、成人になってから、医師によって男性と再分類されてしまったのである。しかしながら、彼女／彼〔バルバン〕は新たな同一性を自身に適合させることができず、三〇歳で自殺したのだった。彼女／彼は、自身の悲しい身上を詳細に語った回想録を残していた。それを、フーコーが公衆衛生省の記録文書保管所で発見したのである。彼はそれを編集し、彼の手になる序文を付して公刊したのだった。

フーコーの序文は短いが、きわめて重要なものである。彼は、真なる性という考えが実際必要かどうかという点から、半陰陽主義について問いを提出している。半陰陽の例を用いることで、私たちの思考に、ある考えがどれほど深く横たわっているかを可視化してみせたのである。その考えとは、だれもが定められ自然から付与された一つの性を有しているということ。すなわち、私たちの真なる性は、私たちの行動の原因であり、観察可能な性的特性の原因にほかならないということである。真なる性は、個人のジェンダー同一性、行動、対の性への欲望を決定する。この両性具有者の物語は、私たちの身体に見出されるべき真なる性など存在しないことの例証にほかならない。真なる性という考えは、科学的ディスクールおよび法的手続きの発展の産物なのである。

そこで、半陰陽者が男性と女性の双方の特徴を合わせもつ人間である〔両性具有者〕と考えることが通常の実践であった中世に、フーコーは言及している。中世では、個人が法的に成人に達した際、彼/彼女はどちらの性を維持するか選択できたのである。ところが、真なる性という観念と関係のある法的概念および実践とほとんど同じ頃発展した性に関する科学理論によって、こうした中世の概念化は取って代わられてしまったのだ。だれもが唯一の真なる性を有している。それは、専門家によって断固として決定されるべきものである、と。ある人間の身体と魂における対なる性のあらゆる特性は、根拠のない、想像上のあるいはうわべだけのものと考えられるようになったのだ。真なる性はさらに、個人のジェンダー役割を決定し、彼あるいは彼女の道徳的責任性は、自らの性に応じて振る舞うことになった。そして、真なる性を認識する専門家としての医師は、「身体からその解剖学的欺きを剝ぎ取り、対の性の形態を装う諸器官の背後に一つの真なる性を発見すること」を使命としたのである。

『知への意志』の終わりで、性について科学的で客観的な真理を見出しうるかどうかの問いに、フーコーは触れている。そこで、フーコーは想定される敵対者を登場させている。この敵対者は、フーコーによる性の歴史がセクシュアリティの文化的構築を巧みに正当化しているに過ぎないと主張する。というのも、「可視的ではあるが、おそらくは二次的で、結局のところ、うわべだけのものに過ぎない諸現象をたてに、生物学的に確立された性的機能を有する存在」を、フーコーは回避しているからである、と。こうした想定上の批判は、身体におけるセクシュアリティの自然で必然的な基盤についての問いを提起している。つまり、セクシュアリティの顕現が文化的に構築され、可変的であったとしても、身体には生物学的な基盤が、前文化的で身体化された、意のままに屈服させることのできない所与性が存在するにちがいない、と。

反対者に対してまず、自らのセクシュアリティ分析が、「身体、解剖学、生物学的なもの、機能的なものの省略」を含意するものではない、とフーコーは答えている。逆に、必要なのは、生物学／文化という区分を克服する分析である、と。つぎに、性が所与の生物学的基盤で、そのようなものとして権力とは無関係であるという主張が間違っていることを、フーコーは証明している。自然の基礎をなす性という考え方は、生権力の重要な投錨点として機能している規範的な歴史的構築物にほかならない、と。「性」は科学的基盤で、ある人のジェンダー同一性、性的同一性、性的欲望の真なる原因的起源である、という考えこそ、性的でジェンダー化された行動の効果的な規範化を可能にするのだ。自らの真なる性についての科学的知をもつことで、自身の性的でジェンダー化された行動が「正常（normal）」か「異常（abnormal）」かを判定し、その行動を評価し、病理化し、矯正することが可能となるのである。

フーコーの狙い、それは、「性」という科学的観念が権力のさまざまに異なった戦略の中でいかに発生し、どのような役割を演じたかを研究することである。よく引用される一節で、彼はこう書いている。

性とは、権力との接触面全体にわたり、セクシュアリティの多種多様な効果を二次的に生み出す自律的作用であると考える間違いを犯してはならない。逆に、権力が身体、その物質性、力、エネルギー、感覚、性を掌握することで組織化されるセクシュアリティの配置の中で、性は、最も思弁的で理念的、最も内的な要素にほかならないのである。

――『性の歴史』第一巻『知への意志』

性は想像的なものであると主張することで、フーコーはじつのところ、男も女も存在しないといいたかったわけではない。むしろ、セクシュアリティおよびジェンダーのある種の説明的枠組を問題化しようと試みたのである。そう、双方の可視的効果を支える基盤あるいは不可視の原因としての性という考えを。こうした思考形式の歴史的展開を明らかにすることで、自然の、科学的に定義された真なる性という考えを、フーコーは批判的に評価している。男性性および女性性というカテゴリーで理解された性がある特定の歴史的時期に発明され、したがって、私たちが望むならそれを放棄することも可能である、と彼は主張したのではない。彼が分析したのは、これらのカテゴリーが科学的に創設され、真理のディスクールにおいて説明されるそのやり方であり、この「純粋な」説明が実際はいかにこれらのカテゴリーを創造し、その結果、これらのカテゴリーが「自然なもの」と理解されているか、にほかならない。性的およびジェンダー同一性の自然で必然的な基盤としての性の科学的諸表象は、「正常な」男性と女性を構成する権力／知の戦略において、規範的機能を有するのである。

こうして、『性の歴史』におけるフーコーの狙いは、セクシュアリティだけでなく性をも歴史化することにほかならなかった。こうした考えは、フェミニズム理論に深いところで影響を与えている。アメリカの哲学者ジュディス・バトラーは、主体、権力、知の間の関係に関するフーコーの思想を、ジェンダー化された主体への問いへと効果的に応用している。ジェンダー同一性の背後にその客観的原因で生物学的基盤である真なる性など存在しないことを、彼女は証明したのだ。権力と知のネットワークにおいて規範的で統制的理念として、ジェンダー同一性は構成されている。この理念に近づこうとの行動を反復することで、個々人はジェンダーを行為遂行するのである。彼／彼女らの行動はその性の必然的で自然な結果と理解されるのであるが、それは本当のところ、自然で基盤的な原因など何もないパフォーマンスに過ぎない、とバトラーは論じている。たとえば、女性の行動は、真なる基盤的女という性の結果ではなく、逆こそ真である、と。つまり、真なる基盤的女なる性という観念は、女性的行動の結果に過ぎないのである。安定したジェンダー核という考えは、恒常的に進行中のパフォーマンスによって支持された虚構にほかならない。*30

フーコーはフェミニズム思想家だけに影響を与えたわけではない。セクシュアリティと性に関する彼の見解は、多くのゲイ・アクティヴィストおよびゲイ知識人にも影響を及ぼしている。アメリカのセクシュアリティ研究の理論家デイヴィッド・ハルプリンは、フーコーによるセクシュアリティの脱自然化の結果、「異常な」主体をめぐる科学の専門家の権力に対する批判的パースペクティヴが出現したのだ、と書いている。そうしたパースペクティヴの政治的含意は、レズビアンやゲイ男性に充分通じるところとなった。というのも、セクシュアリティに関する専門家の否定的なディスクール――精神医学、犯罪学、社会科学による病理化し、犯罪化し、道徳化するディスクール――を、彼女／

彼らは事あるごとに、直に経験していたので、こうしたディスクールを信用できなかったからである。*31

ホモセクシュアリティが構築されるのが社会的になのか、生物学的になのかについて、実際の論争でフーコーがある立場をとることは決してなかった。また、きわめて稀にしか、彼は自らのホモセクシュアリティついて書いたり、インタヴューで語ったりしなかったのである。にもかかわらず、彼の生涯と著作は、ゲイ・レズビアン研究という学術的分野に多大なる影響を及ぼしている。フーコーによるセクシュアリティの概念化は、クイア理論と呼ばれるセクシュアリティへの新たな理論的アプローチの創設に大いに寄与したのである。『性の歴史』〔第一巻『知への意志』〕で、「ホモセクシュアル」という同一性の出現に立ち至った歴史的経緯を、フーコーは簡潔に分析している。一九世紀、周辺的セクシュアリティの新たな科学的分類化と迫害は、個々人の新たな特殊化をともなうことになる。それ以前、男色《ソドミー》は禁じられた行為のカテゴリーに属し、その違反者は、法を犯した個人以外の何ものでもないと理解されていた。ところが、同性愛なるものは、「一つの生の型、生命の形、形態学に加え、思慮の足りない解剖学、ことによると神秘的でさえある生理学とともに、人物性、過去、歴史的事例、幼年時代からのもの」になったのである。同性愛者は、彼のセクシュアリティによって完全に定義されたのだ。そう、彼の全人格、あらゆる行動を説明する隠された原因、根本原理と解されたセクシュアリティによって。「男色者は一時的逸脱であった。が、同性愛者は今や、一つの種である」、とフーコーは書いている。「ホモセクシュアル」は自然な類の存在に該当する名ではない。これが影響力をもつフーコーの主張である。特定の権力関係によって形成されたディスクール的構築物が、自然で科学的に客観的なカテゴリーとして理解されるようになったに過ぎないのだ。

セクシュアリティのクイア的概念化の背景にある主要な考え方、それは、ゲイおよびレズビアンの同一性は——ヘテロセクシュアルのそれと同様——、自然で本質的な同一性ではなく、セクシュアリティの「健全で」「正常な」表現を統制する規範的ディスクールおよび権力諸関係を通して文化的に構築されたものにほかならないということである。これは、ホモセクシュアリティなど「実際には」存在しないことを意味するのではない。何かが構築されているからといって、それは現実的でないことを意味しないのだ。そのような構築物に従って、人々は定義され、しかも、自ら考え生きねばならないのである。しかしながら、性政治の狙いは、たんに自身の真なる同一性を発見し、それを奉じ、表現すること――「カム・アウト」すること――ではありえない。なぜなら、この同一性自らが、それが挑み抵抗しようとする圧制的権力関係を通して構築されているからである。

クイア政治の最終目標は、たんなる権力からの解放や自身のホモセクシュアリティの肯定＝断言〔カム・アウト〕より込み入ったものであらねばならない。社会に作動している権力関係への同一性の依存およびその文化的構成を可視化することで、自然で本質的なものとして私たちに押し付けられたさまざまな同一性に問いを付し、否定さえする必要があるのだ。男性／女性、ヘテロセクシュアル／ホモセクシュアルといった固定的二項カテゴリーによって考えるのではなく、セクシュアリティがこれらカテゴリーとの関係においてのみ複雑な構築物として生じてくるそのやり方をカテゴリーの構築とともに研究すべきなのである。ヘテロセクシュアル／ホモセクシュアルという二元性は、同性愛嫌悪的権力関係の結果にほかならない。男性／女性が女性蔑視的社会の概念化であるのと同様に。両事例において、二元性の前者〔ヘテロセクシュアルと男性〕は、規範、特権的なもの、問題視されないものに該当する。それに対し、後者〔ホモセクシュアルおよび女性〕は、逸脱、規範とは異なったものに相当する。性的・ジェンダー的同一性は、政治的に中立な自然的差異として構築されてなどいない。社会の権力関係を反映する、互いに排他的で高度に規範的な術語として構築されたのである。

ここから帰結するのは、女性蔑視的かつ同性愛嫌悪的思考の実践および形式に抵抗する新たな戦略を、私たちもまた発明する必要があるということである。ゲイ・ムーヴメントが必要としているのは、「セクシュアリティとは何かという科学あるいは科学的知(むしろ、擬似科学的知)などではなく、生の技法である」、とフーコーは強調している。

> 私たちの欲望とともに、その欲望を通して、新たな関係の形、愛の形、創造の形が進展すると理解すべきである。性は宿命などではない。創造的生の可能性にほかならないのである。[*32]
>
> ――「性、権力、そして同一性の政治」

クィア政治学はしばしば、私たちの同一性、同一性カテゴリーの創造的充当、増殖、劇場的再意味化という形をとる。実験および多様な快の可能性を供給する実践あるいは存在の仕方として、セクシュアリティは理解されるべきである。私たちがそれについての真理を明らかにすべき心理学的条件としてではなく。そう、セクシュアリティは、個人の病理および真なる同一性の領域から、創造的政治と個々人による実験の領域へと移行させられるべきなのだ。

第9章

政治権力、合理性、批判

私は信じている。一五世紀から、しかも宗教改革以前に、人々を統治する技法の紛れなき急増が存在したということができる、と。それは二つのやり方で急増したのである。まず、宗教的中核に関する置き換えによって。お望みなら、こういおう。それこそが、世俗化、人々を統治する技法およびそれを行う方法というテーマの市民社会における拡大によって、と。そしてつぎに、この統治技法のさまざまな領域への増殖によって。——子どもの治め方、貧困者や乞食の管理法、家族・家庭の統べ方、軍・さまざまな団体・市・国家の統治法。また、人の心と身体の治め方といった具合に。私が思うに、統治の仕方は一五、一六世紀に生じた事柄に関する根本的問いの一つにほかならない。そして当時、統治という語が有していたより広範な意味における、あらゆる統治技法——お望みなら申し上げよう。教育学の技法、政治技法、経済技法——とあらゆる統治機構の増加によって、この根本的問いに答えることができよう。

一六世紀のこれら西洋社会においてむしろ特徴的だったように思われることの統治化は、「いかに統治されないか」という問いから切り離しえない。このことは、「私たちは統治されることを望まない。まったく望んでいないのだ」

という反論に、統治化がある種の対決をもって反対するということを意味しない。私がいいたいのは、統治の仕方、その研究にまったく専心することで、私たちは以下のような問いを絶え間なく同一化しているということである。そう、「そのように、それによって、これら原理の名において、心の中にこれこれの目標をもち、そのような手段によって、そのようにではなく、そのためでなく、それらによってではなく、いかに統治されないか」という問いを。社会と個人の双方を統治化するこの動きに、この動きが有していると私が信じる歴史的次元と幅広さを付与するなら、おそらくそこに、批判的態度と呼びうるものを位置づけることができるだろう。それらと真正面から向き合うこと。補償として。あるいはむしろ、統治技法の仲間であり、敵対者として。公然たる反抗の技法として。挑戦として。これら統治技法を制限し、評価し、変形し、それから免れる術を、ともかくもそれを置き換える術を見出すやり方として。基本的には不信とともに。しかし同時にまた、統治技法の一連の発展として。そうすることで、当時ヨーロッパで何かが生まれたのである。一種の一般的な文化形式、政治および道徳の態度、考え方、等々が。私はそれを、きわめて単純に、統治されないための技法、より正確には、そのように、そのような対価で、統治されない技法と呼ぼうと思う。したがって、批判のまさしく第一義として、こうした一般的特徴づけを私は提案したい。そう、批判とは、まさしくそれほど多くは統治されない技法である、と。[*33]

――「批判とは何か」

一九七〇年から一九八四年のその死に至るまで、フランスで最も権威ある学術機関コレージュ・ド・フランスにおいて、思考の体系史講座をフーコーは担当した。他の学術機関とは異なり、コレージュ・ド・フランスは会員となるのに〔国家教授資格などの〕資格を必要とせず、学生に学位を認定することもない。講座担当教授は毎年、自身が研究中の事柄に関する一連の講義を行うよう求められる。この連続講義は公開で公聴でき、登録を必要としない。フーコーが行った一三年分の講義は、フランス学術界において目を見張る出来事であった。多くの聴衆が、コレージュ・ド・フランスの講堂二つ分を最後列に至るまで埋め尽くしたのだ。この講堂こそ、後に彼が著作で練り上げた多くの着想を展開した場所にほかならない。しかしながら、講義は著作のたんなる概要あるいは草案ではなかった。それは、書かれたものの形ではフーコーが決して公にしなかった多くの題材を含んでおり、それゆえ、彼の業績において相対的に独立した地位を占めているのである。

一九七八年から一九七九年にかけての『性の歴史』第一巻の公刊に続く一連の講義で、フーコーは自身の注意を、統治および統治性の研究へと向けた。[*34] 一九七八年中の講義では、古代ギリシャ・ローマ時代からキリスト教牧人型の指導を経て国家理性および警察学の概念へと至る、統治技法の歴史的発展をフーコーは分析している。一九七九年に入ると、統治性の自由主義的および新自由主義的形態を議論したのである。この連続講義全体は最近ようやく公刊されたにもかかわらず、フーコーがこの講義で展開した考えは、とりわけ政治・社会科学における多くの将来性ある研究に活気を与えたのだった。

子どもの治め方から魂の宗教的導きに至るまで、広範な実践に統治は歴史的に適用されているが、近代国家という文脈においては、統治は人口を治めるという形態をとっている。この歴史的発展、「近代国家の系譜学」あるいは「統治性の歴史」こそ、フーコーが講義で暴露しようと企てたことにほかならない。近代国家権力の行使に手段を提供した政治的合理性および権力技術の特殊型の発展を、歴史的分析を通して分節化し明らかにしようと彼は試みたのである。

領土とそこの住人を支配する代わりに、近代的統治形式の対象は人口、すなわち、自身に本来備わっている規則性をもつ統計分析および科学的知の対象なのである。人口を統治するため、それに固有の知の形式が必要とされた。たとえば、生・死・疾病の割合、平均寿命、労働就業率、財産などを知ることが必須なのだ。人口とその福祉は、統治技術が介入する領野と統治的合理性の究極目標の双方を形成している。統治性は、人口に焦点を合わせた権力のこの本質的に近代的で複雑な形式の発展に該当する。それは、公然と明白な戦略・戦術だけでなく、行政機構、知識形態をも通して行使されるのだ。何よりもまず主権の形をとる政治権力——法という手段を用いて司法上の主体を統治する個人的あるいは共同体的君主＝支配者——の代わりに、複雑な管理・行政機関が政策と戦略を用いて人口を統治する社会に、私たちは生きているのである。

フーコーの分析は、近代的統治の合理性が二つの主要な特徴をもつことを明らかにしている。まず、近代国家の発展は政治権力の集中化によって特徴づけられる。これが、高度に組織化された行政と官僚主義をともなう中央集権国家の誕生にほかならない。この特徴は一般的に分析され、政治思想において批判の対象となってきた。しかし、フーコーはさらに、この発展に相反するように思われる第二の特徴の進展をも同定している。近代国家は個人〔別〕化する権力あるいは——彼もまたそう呼んだように——牧人権力によって特徴づけられると、フーコーは主張したのである。このことで彼がいおうとしたのは、継続的かつ恒久的なやり方でその行状を統治しようと企て個々人へと方向づけられた権力技術の発展であった。その狙いは、それぞれしかもすべての人の生を恒常的に確保し、維持し、改善することである。権力は、生のあらゆる局面についての知を個人〔別〕化することにかかっている。そして、個人の政治的管理を通して機能するのである。

個人〔別〕化する権力は、中央集権化の目標と絡み合っている。国家は、人口と解された生ける存在者に配慮しなければならない。人口を構成する人々の人生と健康に、国家は焦点を合わせる必要があるのだ。それゆえ、フーコーは近代国家の政治を生政治と呼んでいる。そして、その結果こそ、個々人の日常生活——健康、セクシュアリティ、身体、ダイエット——への増大する国家の介入にほかならない。

広義での人々の行状の管理という統治の実践を理解するには、権力技術およびそれを下から支える政治的合理性をも研究する必要がある、とフーコーは説いている。統治の実践と機構は、論証あるいは合理性の特殊な形によって、可能にされ、統制され、正当化される。そして、この特殊形こそ、統治の実践および機構の目標とそれを達成するのに適した手段を定義するのである。フーコーが繰り返し示唆しているように、一連の関係性として権力を理解するとは、そのような関係性がいかに合理化されているかの理解を意味する。つまり、合理性の形式がいかに実践および実践体系へと自らを刻み込み、どのような役割をそれらにおいて演じているかを吟味することを意味するのである。

歴史的に変化する統治的合理性の解明および分析は、フーコーの講義での枢要な目標であった。さまざまに異なった政治的合理性を分析することは、政治哲学において可能であり、必要とされている、とフーコーは主張している。それはたとえば、科学哲学においてさまざまに異なった科学的合理性を分析するのが可能なのと同様である、と。こうして政治権力の分析は、政治理論、政治的選択あるいは政治機構、さらにはそれらを支配する人々の類にだけ焦点を合わせているわけではない。特殊な政治的合理性に形を与える具体的な実践をも組み込む必要があるのだ。フーコーの分析の狙いは、最良の統治形を築き、合法化することではない。さまざまに異なった政治実践に内在する合理性を歴史的に分析することにあったのである。

しかしながら、統治性の分析は以前の権力理解に取って代わったわけではない。既存の社会における人間相互の統治形態は複合的で、さまざまな政治機構やそれらを橋渡しする単一の政治的合理性に還元しえないと、フーコーはなおも考えていたのだ。分析され、しかも疑問を付されるべき事柄は、諸実践に本来備わっている歴史的に特殊な合理性にほかならない。そこで、特定の局所的機構＝制度内の個別的主体という文脈における権力技術および実践を研究するべく彼が用いたのと似た分析型を、彼はいまだ用いていたのである。すなわち、機構＝制度より実践を第一義とすることが、決定的だったのだ。

規律的権力の分析において、抑圧的機構＝制度から生産的実践へとその主眼点を、フーコーは移行させていった。そして今や、国家機構に焦点化した理論から統治の近代的実践の分析へ移りいこうと試みているのである。政治思想が国家を悪者視し、あらゆる政治問題の根源であり、唯一の敵であるとみなす傾向を、フーコーは批判している。国家は、社会体の上に抑圧的で否定的な権力を行使するだけではない。国家とは、統治実践の合理性において諸変化を反映する「統治」の歴史的様相の一つにほかならないのだ。

それでもやはり、フーコーによる統治性の分析は、彼の権力理解に何らかの新たな重要な次元を加えることに成功している。ところが、それがしばしば見落とされてきたのだ。まず、それまで規律的権力に関する彼の分析は、専門化した制度的文脈に限定されていたが、統治としての権力という考え方は、彼の権力理解の範囲を国家という領域へと拡大したのである。統治という考えとともに、より大きな戦略的問題を研究できるようになったのだ。彼の「権力のミクロ物理学」——個人の行動に焦点を合わせた権力形態の吟味——は、この問題を取り扱うことができなかったのである。近代国家権力を研究することで、伝統的に政治的なものと理解されている領域へと自身の権力理解を移すことができたのだ。規律的権力に関するフーコーの以前の分析が、政治思想にいくつかの興味深い方途を供給したのは確かである。しかしながら、特殊な実践、特殊技術への着目は、政治に関するより大きな権力問題を提出し損なっているとのよく知られた批判があったのも事実なのだ。統治性に関する彼の講義は、そうした異議への回答として読むことができるだろう。

つぎに、統治としての権力という考えを通じてこそ、フーコーは自身の抵抗の理解を練り上げることができたのである。知識という形および特定の真理の主張を通して正当化される必要のある戦略的で統制され合理化された権力様式に統治は該当するので、抵抗の形としての批判という考えは今や決定的なものとなったのだ。統治することは、受動的対象の行状を身体的＝物理的に決定することではない。統治されている者が自分にいわれたことを行うべき理由を提供することを、統治は含んでいるのである。このことはまた、彼らがその理由に疑義を抱く可能性のあることを意味している。

一九七八年五月、フランス哲学協会のために行われた「批判とは何か」という題名の講演で、「いかに統治すべきか」という問いに、フーコーは別の問いを結び付けている。それは、西洋政治思想および政治実践において「いかに統治すべきか」をつねに補完しつづけてきた問い、すなわち、いかにして統治されないか、より正確には、そのように統治されないためにはどうしたらよいか、という問いにほかならない。こうして、あらゆる統治化に絶対的かつ誠心誠意反抗する根本的アナーキズムに言及していないことを、フーコーは自ら明らかにしたのである。むしろ彼は、統治のあら探しをし、統治との二頭立てで展開するある特殊な態度を同定しようと試みたのだった。統治形態（式）をめぐるこの批判的態度こそ、政治批判の実践を支持するものである。

ものごとの秩序の表象を真理として配役することで、政体が自己正当化し、代替的な政治の手はずを凌駕するやり方を、権力と知の変わりいく関係性——真理の政治学——が統制している。それゆえ、抵抗は権力実践における盲点ではない。権力関係の正当化の水準を形成する知の実践の重要な局面にほかならないのだ。批判の実践は、そのように統治する理由を問わねばならない。そう、統治の正当なる原理、手順、手段を。

しかしながら、フーコー自身の統治性講義は、政治批判を差し控えているように思われる。牧人権力および国家理性に関する歴史的テクストについて、彼は議論している。それらが近代特有の統治形態の発生を印づけていると彼は信じていたのだ。しかし、彼が公然と政治批評を示してみせることはなかったのである。また、近代国家は個別化しかつ全体化する——政治権力は集権化するが、個人に照準を合わせる——ので、これらの効果の一つだけを批判しても不充分であると、フーコーは注意を促している。個人とその利害関心だけをもって近代国家に反対することは、共同体とその要求だけをもって反対すること同様、危険である。これらの効果を産出する近代国家の諸権力関係の基礎となる政治的合理性を露わにし、批判すべきなのだ。「これら二つの効果〔個人と共同体〕の一つだけでなく、政治的合理性のまさに根元を攻撃することからのみ、自由は来たりうるのである」[*35]。このように、フーコーが主唱する政治批判は判断を下すことに還元されえない。政治的判断がそれを通して定式化される術語およびカテゴリー——評価のための枠組み——とともに、統治に関する私たちの諸実践を問う必要があるのだ。

政治批判およびそれを控えることは、フーコーの批判者たちが繰り返し取り上げてきた論争を呼ぶ話題でありつづけている。フーコー自らの明白な意図にもかかわらず、彼の思想は政治批判を不可能にしている、と批判者たちは論じる。なぜなら、哲学的に明言された規範的基礎づけが欠如しているからである、と。権力の近代的諸形態を批判するためには、それらが不寛容である納得のいく理由を与えることができねばならない。これらの理由こそ、批判の規範的基礎づけを形成するものにほかならない。たとえば、こう論じられるだろう。人間存在は自らの健康に関して自由に選択できるべきであり、それゆえ、この自由を制限する生権力の諸形態は支持しえないのである、と。フーコーがこのような理由を私たちに提示することはない。近代国家に関する彼の記述がなぜそもそも批判と読まれるべきかとの問いを喚起するのである。

これら批判者の内で最も有名なのが、ユルゲン・ハバーマスである。彼はドイツの哲学界の重鎮で、存命するフランクフルト学派批判理論の筆頭代表者でもある。批判とは定義上、評価をともなう主張を行うことを意味し、その主張に異議が唱えられたとしたら、もっともな理由を頼みとして正当化しなければならない、とハバーマスは論じている。フーコーは何らかの理由をもってして、自らの主張を正当化することができない。それゆえ、彼は近代社会の批判者のふりをしているに過ぎない。たとえば、個別化しかつ全体化する国家権力に抵抗すべき理由を私たちに告げることで、人間的自由および政治的自律といった何らかの類の積極的価値あるいは正義を、フーコーは主唱すべきなのだ、と。

「ハバーマス支持者」と「フーコー支持者」との論争は、一九七〇年代後半以来継続したままである。この論争が生み出した文献は多岐にわたっている。この論争は再三再四袋小路に陥り、誤解と曖昧さのため打ち切りを余儀なくされている、と多くの注釈者が記してきた。フーコー支持者サイドでの行き詰まりを打破する一つの方法は単純に、批判とは何かを再定義し、批判が判断を下すことを意味するというのを否定することである。フーコー自身もこう書いていたではないか。「ものごとがそのあり方ではよくないということが、批判なのではない。どのような型の前提、よく知られた概念、既成の吟味されていない考え方に、受容されている諸実践がもとづいているかを見定めることこそ、批判にほかならない[36]」、と。私たちの現在、政治的合理性、規範化＝正常化された主体性の諸形態、それらを生み出す権力配置の種類を診断しようと、フーコーは努めたのだ。それによって、明白な政治的綱領をあらかじめ描き出すのではなく、受容されている必然性に挑むのを可能にする政治化された空間を、彼は切り拓いたのだった。

先に私が論じたように、現状の何事かが耐えがたいものであることを説得力ある合理的論証をもって私たちに納得させるのではなく、それを示す試みこそ、フーコーの系譜学であると読解することができよう。規範的基礎づけは明言されていないが、それはそのような基礎づけが存在しないことを意味していない。現在の諸実践への政治的批判の必要性およびそれら実践の変化の可能性へと、系譜学は私たちの目を向けることができるのだ。しかしながら、批判と変化は自ずと系譜学から帰結するわけではない。系譜学によって拓かれた可能性を現実化することで、政治的批判および政治行動が欠陥を補うよう要求されていることを、フーコーはあっさり受け入れているのだ。しかし、政治は哲学者の闘争の場ではない。具体的抵抗はそれに参加している人々によって導かれるべきと、フーコーはいくつかの文脈で示唆している。それに対し、彼の思想はせいぜい、局所的抵抗を実行に移す際の道具を提供しうるに過ぎない、と。

系譜学的批判の可能性を評価しようと私たちが試みるなら、フーコーが啓蒙に認めた重要性を西洋哲学史および政治史における卓越した出来事であると真剣に理解する必要がある。彼の講演「批判とは何か」（一九七八年）は啓蒙の意義に関する一連の質疑に着手し、その最終稿「啓蒙とは何か」（一九八四年）への道を準備することになった。この試論の出発点は、啓蒙とは何かという問いに答えて、一七八四年にインマヌエル・カントが新聞に寄稿した短い論文である。フーコーによれば、ぱっと見は重要に思われないこのテクストは控え目ながら、私たちが生きる時代の色褪せることのない批判でもある新たな形の哲学的省察が登場する瞬間を印づけている。啓蒙のモットー――「あえて知ろうとせよ」――は、理性の自由な使用への献身を主唱している。ハバーマスはフーコーの企図についてひどく懐疑的なままであったが、フーコーは自らがフランクフルト学派と同じ思想の批判的かつ歴史的形式を分かち合っているとみなしていた。フーコーにとって、啓蒙は哲学の批判的伝統を新しく始めるものにほかならない。それは、「ヘーゲルから、ニーチェ、マックス・ウェーバーを経て、フランクフルト学派へと」、フーコーが自らをも位置づける省察の形を築き上げてきたのである。[*37]

権力の権威的効果からの解放としての自由の理念は啓蒙思想の重要部分であり、フランス革命が例証した解放型の政治の後に続く伝統へと道を拓いたのだった。しかしながら、啓蒙的解放の普遍的ディスクールへの明白な反対表明で、フーコーは名高いのである。人間的自由と平等を正当化し、進歩の可能性を保証する生得的人間本性など存在しない。その上、啓蒙的ヒューマニズムは、近代的個人主義の形を生み出すよう作用する偽装した規律的権力を組み入れるか、周辺にある集団および個人の支配に寄与したに過ぎない。その結果、フーコーが啓蒙の哲学的伝統に自らをまともに位置づけ、そのモットーに賛同したこの試論は、彼の読者の多くを驚かせたのである。

晩年の試論で自らの思想を啓蒙へと結び付けることにおいて、権力および理性の支配と乱用の形態に関する彼の批判が依拠する明白な基盤として啓蒙を連想させる諸理念――批判的理性、人格的自律――を採用しようとする重大な規範的動きを、フーコーは示している。啓蒙の諸理念は、批判をもとづかせるべき歴史的――普遍的で無時間的ではない――価値を彼に供給している。カントとは異なり、絶対的かつ普遍的理念としてではなく、ある種歴史的発展の結果、すなわち、歴史的・社会的事実として、自由をフーコーは支持しているのだ。支配および政治的合理性の形に関するフーコーの哲学的批判は、自由の想定された望ましさに拠っている。しかしながら、この自由の理念は、永遠でもなければ普遍的でもない。この理念は、歴史的に具体的かつ特殊な諸実践から生じており、唯一それらからのみ生じうるのだ。近代的意味における政治的自由の擁護は、前啓蒙的伝統の中ではそのようなものとして見出されることはない。むしろ、思想の特殊な歴史的伝統——啓蒙——の産物であり、いずれにせよ、私たちはその一部をなしているのである。

自由の理念を分かち合うことは、今日私たちが西洋で人間の生および政治に関して考える際、それに従っている歴史的伝統への参加を意味している。普遍的政治綱領を主唱したり、明白な道徳的判断を行おうとフーコーはしなかったのだ。しかし、それはフーコーの分析が無批判的であることを意味しない。政治的合理性の特殊な諸形態およびそれに対応する主体性の諸形式を、強制することとして、そして同時にまた、歴史的偶発事として露わにすることで、彼の分析は「自由」の方向への政治的変化を積極的に主唱することとして読むことができる。そのような変革は、普遍的な政治綱領ではなく、局所的かつ部分的な変化の点から理解される必要がある。しかしながら、フーコーの思想は政治的ニヒリズムなどでは決してない。私たちの限界の分析こそ、自由の分析にほかならないからである。

第10章

自己の実践

私を動機づけているものについていえば、それはまったく単純である。ある人々の目には、その動機づけそれ自体だけで、充分であってくれればいいと願っている。それは好奇心である。それもたった一種類の好奇心で、いずれにせよ、ある程度の執拗さをもって行動する価値のあるものである。そう、人がそれを知るに相応しいことを自らのものにしようと努める好奇心ではなく、自分自身から自由になるのを可能ならしめる好奇心にほかならない。なんとかしてそして可能なかぎり、知る者が自分から離れ道に迷うのではなく、ある量の博識においてのみ、知への情念が結果するとすれば、そのような情念の価値とはいったい何であろうか。いやしくも見、省察しつづけることが必要なら、自分がそうしてきたのとはちがったように考えることができ、見てきたのと異なった知覚ができるかどうか知ろうと問うことが絶対必要となる時が、人生にはあるものだ。おそらく、人はいうだろう。このような自分自身との駆け引きは舞台裏にあるままの方がいい、と。あるいはせいぜい、いったん目的が叶ったら忘却される予備練習の一部を、これら駆け引きは間違いなく形作っているのだ、と。しかし、思惟が自らに関係するようにさせる批判的作業こそ哲学でないとしたら、今日、哲学――つまり、その哲学的活動――とはいったい何であろうか。すでに知られていることを正当化する代わりに、いかにかつどの程度ちがった風に考えることが可能か知ろうと真剣に努めることが哲学でないとしたら、哲学の本質はいったい何にあるというのだろう。他者に、彼らの真理がどこにあり、それをいかに見出すべきかを、哲学が外側から指示し告げようと試みる際、あるいは、素朴実在論の言語において、彼らに反対する陳述を哲学が入念に作り上げる時、哲学的ディスクールには嘲笑を誘う何かがつねに存在する。しかしながら、哲学的ディスクールとは異質な知の実践を通して、自身の思惟において何が変化しうるのか探求する権利を、このディスクールは有している。その「試み」――真理のゲームにおいて、人がそれによって変化を経験する試金石あるいは試験と理解されるべきこと。間違っても、コミュニケーションのため、過度に単純化された他者からの受け売りであってはならない――は、哲学の生きた実体である。そう、少なくとも、過去にそうであったもの、すなわち、「禁欲苦行」、アスケーシス、思惟活動における自己自身の鍛錬として、哲学が今も存在していると私たちがみなすならば。

以下の研究は、私が以前行ってきた他のもの同様、「歴史」研究にほかならない。それは、研究の取り扱う領域およびそれが訴える参照項のゆえにである。しかしながら、それらは「歴史家」の仕事ではない。そのことは、これらの研究が他の人々によってなされた仕事を要約し、総合することを意味しない。「実用論」の立場から考察されたこれらの研究は、繰り返し改正し、訂正される必要のある長きにわたる実験的鍛錬の記録にほかならないのだ。それこそが哲学的鍛錬である。そして、自分自身の歴史を考える努力が、どの程度黙って考えてきたことから思惟を自由にし、その結果、ちがった風に考えられるようになるか学ぶことこそ、この鍛錬の目標＝対象なのだ。[*38]

——『性の歴史』第二巻『快楽の活用』

フーコーは、一九八四年五月二五日、エイズのため五七歳で逝去した。その死の数日後、彼の棺の葬列を一目見、最後の別れをしようと、〔サルペトリエール〕病院の遺体安置所外の中庭には、数百人の友人および崇拝者たちが押し寄せた。そして、フーコーの古くからの友人で著名な哲学者のジル・ドゥルーズが中庭の片隅の小さな箱に登った時、群集は静まり返った。すると、深い悲しみに打ち震え、かろうじて聞き取れるほどのか細い声で、ドゥルーズは上記の数節を朗読しはじめたのだった。このテクストは、フーコーの『性の歴史』最後の二巻分のための序文からであり、それは彼の書いた最後のテクストの一つであった。病に倒れながらも、彼はこの二巻を完成させるべく仕事しつづけ、その早過ぎる死の直前、それが公刊されるのを何とか見届けることができたのである。

これら最後の二巻の文体＝様式は、以前の著作とはまったく異なったものである。それは著しく平易で、おそらくある者は飾り気のないものであるといい、またある者は急いで書かれたからにちがいないというであろう。そこには、劇的な徴《しるし》もなければ、ショッキングなイメージも見当たらない。研究された時代もまた、フーコーには似つかわしくないものだった。彼の他の歴史研究はことごとく、近代初期か近代に焦点を合わせていた。ところが、最後の著作群は、古代ギリシャ・ローマ帝国期へと遡り、飛躍している。学術界におけるそのような完全な方向転換は、危険をともなうものである。フーコーは古代思想の専門家ではない。ただし、容易に批判の的になりえる間違いを犯しかねないことを、彼は充分承知していた。まったく新しい方向選択をすれば、近代権力についてもっと学びたいと期待している読者を失望させることになろうことも。多くのことが、彼自身にとっても、危険に晒されざるをえなかった。それでも、彼が知る必要があり、いわんとしたことは、古代の研究なしにはなしえなかったのである。まさにこうしたことを背景にして、先の序文における彼の言葉に耳を傾けるべきだろう。そう、「なんとかしてそして可能なかぎり、知る者が自分から離れ道に迷うのではなく、ある量の博識においてのみ、知への情念が結果するとすれば、そのような情念の価値とはいったい何であろうか」という言葉に。

『性の歴史』第二、第三巻は、主に古代ギリシャおよびローマ帝国期の性道徳に関連した著作である。その探求の焦点は、セクシュアリティが道徳的領域を構成し、道徳問題として問われる――主として、他者のための指針として書かれたテクストにおける哲学者や医師によって――その流儀に当てられている。その内訳は、第二巻『快楽の活用』が紀元前四世紀の古典期ギリシャ文化に焦点化し、第三巻『自己への配慮』は紀元後最初の二世紀のローマ帝国の同じ問題を取り扱っている。

性道徳に関するフーコーの歴史研究が炙り出したのは、古代まで跡づけることのできる倫理の特殊な概念化にほかならない。彼はまず、道徳的きまりとしての道徳性と行動の道徳性との区別を行うことから始めている。道徳的きまりとしての道徳性とは、たとえば、教会や学校で個々人に教えられる行為に関する一連の価値や規則に該当する。一方、行動の道徳性で彼がいわんとしたのは、きまりに関して人々が実際行っている行動のことである。つまり、人々に推奨されている規則や価値に、実際の行動がいかに適合しているかにほかならない。性道徳のこれら構成要素はそれぞれ、道徳の歴史と性的実践の社会史を通して研究されている。しかしながら、これらの構成要素がフーコーによる歴史研究の対象なのではない。なおも、道徳性の一つの重要な構成要素が残されたままである。彼はそれを研究し、倫理と呼んでいる。倫理に該当するのは、あらかじめ定められた要素を参照して行為する道徳性の主体として自分自身を形成するその流儀にほかならない。倫理は、道徳規則が主体によって採用され、問題化されるやり方を取り扱うものである。たとえば、個人は、さまざまな理由から、一夫一婦制の倫理規則に従おうと決心できる。そう、他者に対する手本を示すため、処罰を避けるため、自分の人生に道徳的美しさを付与するため、一夫一婦制に従うのである。この目標を達成するのに、個人はまた、聖書の一部の暗記、瞑想、処罰のようなさまざまに異なった鍛錬を用いることができるのだ。

倫理に関する研究のこうした重要性が明白になるのは、古代の道徳性とキリスト教のそれとの差異を可視化しようと試みる際である。しばしば信じられているのとは裏腹に、行動の道徳的きまりのレヴェルでは、古代とキリスト教に著しい類似性が存在する、とフーコーは論じている。通常、同性愛的関係への寛容性のゆえ、古代の道徳性ははるかに乱交的で自由放任であると想定されている。しかしながら、フーコーは、古代もキリスト教もともに、同性愛的関係に否定的イメージを付与していることを示したのである。その上、どちらもが、個人の健康における性的消耗の影響について関心を、それどころか不安さえ分かち合っているのだ。そして、婚姻への忠誠と制欲を評価するのである。しかしながら、これら二つの文化が強烈な対照をなすのは、道徳的理念あるいは要求が主体に関して統合されるそのやり方にほかならない。きまりに関するキリスト教道徳の主要な強調点は、その体系性、豊かさ、どの可能な事例にも適合し、行動のどの領域をも包含するその能力にある。たとえば、キリスト教における一夫一婦制の規則は、きわめて厳格であるのみならず、極度に細分化している。他方、古代の道徳性は、行動のきまりや規則が基本的なものに限られる道徳性を表象している。道徳性を議論する古代のテクストは、個人の行動に関してほとんど明白な規則ないし指針を定めることがない。実際の規則あるいは法の内容より重要なのは、人が自分自身と結ぶ関係性、個々人によってなされた実存様式の選択なのである。

きまりのレヴェルでの類似性にもかかわらず、性行動が問題化される形式はこうして、まったく異なっているのだ。古代ギリシャで、性的禁欲生活というテーマは、深遠なる本質的禁止の表現ではなく、活動性の練り上げおよび様式化にほかならない。美しい生を生き、美的実存の記憶を他者に残す個人の選択にこそ、道徳性は基礎づけられているのだ。

『性の歴史』第二、第三巻は、遠い過去における倫理の問題化の形式に関する歴史研究を私たちに授けてくれているという事実にもかかわらず、フーコーの関心は再び現在に向いている。これら最後の二巻を現代的状況というパースペクティヴから書いたことを、フーコーは認めている。[*39] しかしながら、古代ギリシャの倫理を私たちが採用するよう示唆したことを、彼は否定している。それどころか、古代ギリシャの性倫理は多くの点でまったくうんざりさせるものであると、あからさまにフーコーは非難しているほどである。そして、男性的社会という考えに、対のもう一方の非対称性、排除、さらにたとえば、挿入への強迫観念に、この性倫理がいかに結び付けられるかに言及している。[*40] 古代の性的関係性は対称的でもなければ、相補的でもなく、しばしば合意の上でさえなかった。能動的パートナーは自由な男性に限られている。そして、受動的パートナーは通常、奴隷、女性、少年であり、行為からどのような快を引き出すことも期待されていなかったのである。けれども、古代の性倫理から学びうる何かがあると、フーコーは示唆してもいる。

倫理問題を科学的知へ関係づける必要はないというのが、私の考えである。以前のますますっかり復活することはありえないが、少なくとも、何が今起こっているか分析するための道具として役立ちうるある種の見方を構成し、あるいは構成するのを手助けする――そして、現在進行中のことを変えるのに役立つ――創意工夫、技術、観念、手続き等の宝庫が、人類の文化的発明の中にはあるものだ。

――「倫理の系譜学について」

道徳性は、古代ギリシャの宗教あるいは宗教的先入見に関係があるのではない。社会的、法的、あるいは制度的体系と関係しているのだ。道徳性の領域は、人が自分自身と結ぶ関係性、すなわち、自らの人生に道徳的美しさを与えるための選択にほかならない。フーコーがしかとみてとったのは、倫理問題と現代社会の問題との類似性であった。

私たちの問題はある点で、この問題に似てはいないだろうか。というのも、私たちのほとんどはもはや、倫理が宗教に基礎をもつと信じてはいないし、法体系が私たちの道徳的で個人的な私生活に介入するのを望んでいないからである。昨今の解放運動の苦悩、それは、新たな倫理の練り上げの基礎を置くべき原理を見出せないという事実にこそある。これらの運動は倫理を必要としている。が、いわゆる科学的知識に基礎をもつ倫理より他の倫理を見つけ出すことができないのである。

——「倫理の系譜学について」

フーコーは明らかに、世俗社会における個人の実践として理解された倫理の潜勢力を指し示している。外的法に道徳性の基礎をみる世俗的伝統とともに、自己―放棄、自己――犠牲という価値をともなうキリスト教道徳の伝統をも私たちは受け継いできた、とフーコーは論じたのだ。これらの伝統とは対照的に、自己の実践は不道徳、エゴイズム、あるいは他者に対する規則や責任を免れる手立てとしてあらわれている。しかしながら、フーコーの主唱する自己の実践は、まったく異なった倫理の概念化に起因するものと理解されるべきだろう。つまり、倫理は、創造的活動性、自らによる自己の永久的訓練のことにほかならないのである。

フーコーによる最後の二冊は、倫理を再考する仕事に貢献せんとする試みと読まれるべきなのだ。それらはまた、主体を再考する彼の試みを続けることでもある。今や、焦点は自己の形式に絞られている。そう、主体が彼/彼女について創造するものを理解する諸形式および彼あるいは彼女が彼/彼女の存在様態を変える諸実践に。古代ギリシャの倫理そしてそれに対応する自己の概念化に関するその研究において、彼が明らかに追い求めようとしたこと。それは、判読され、解放されうる真なる自己など存在しない、自己とは、創造された――そして、創造されるべき――何かにほかならないという一点であった。しかしそこには、主体に関するフーコー最後の研究に現前するまったく新たな分析軸を見出すことができる。

フーコーは、自身がおそらくはあまりにも多く支配と権力の実践を強調し過ぎ、以前の仕事には欠けている分析軸が存在することに注意を向けている。個々人が自らに関して行使する行動様式、自己の実践の研究を、彼の分析は補完されるべきである。「セクシュアリティの経験」の歴史を研究可能にするには、彼の考古学および系譜学が供給してくれた方法論的道具立てだけではなく、「それに従って、個々人が自らを性的主体として認識させられる様式の研究」も、フーコーには必要だったのだ。主体が自身について創造するものを理解する歴史的諸形式さらには主体が自らを道徳の主体として形成する仕方を研究しようと、彼は着手したのである。権力／知ネットワークが主体を構築するやり方を以前の系譜学的研究は探求したのに対し、晩年の仕事でのフーコーの主眼点は、彼自身あるいは彼女自身を形作る際の主体自らの役割にあった。そして、この仕事は、以前の著作に見出せるものより入念な主体理解を提供しているのである。

　晩年の思索で、初期の著作で見出した芸術の壊乱的役割という考えにフーコーは立ち戻っている。自己の倫理的諸実践は美学と緊密に結び付いており融合し合ってさえいる、とフーコーは主張したのだ。そして、これらの実践を生存の美学と呼んだのである。主体が自身を倫理的主体として形成する過程は、芸術作品の創造に似ている。私たちの社会でどのような類の倫理を築くことが可能かと尋ねられた時、フーコーはこう答えている。

……私たちの社会で、芸術は、個人あるいは人生でなく、対象にのみ関係のある何かになってしまった。そのような芸術は、芸術家である専門家によって特権化され行われる何事かにほかならない。しかし、だれもの人生が一芸術作品になりえないだろうか。なぜ、ランプや家は芸術の対象であって、私たちの人生がそうであってはならないのだろう。

——「倫理の系統学について」

一芸術作品として自分を創造するという考えは、フーコーへの多くの白熱した批判の火に油を注ぐ結果となった。道徳と無縁な美学へと撤退し、自己中心的様式化というエリート主義的考えを特権化したとして、彼は非難されたのである。しかしながら、彼の生存の美学はナルシシズム的企てと理解されるべきでもなければ、外見や粋に見えることといった狭義の純粋美学として解されるべきでもない。フーコーはまさに、私たちの文化を特徴づける自己中心的で内向きの姿勢に批判的であった。そして、古代における自己の実践は、現在の自己の文化とはほとんど真逆でそれに対抗するものだった、と指摘したのだ。私たちの自己中心的態度は、自らの真なる自己を発見すべきという考えに由来している。それは、覆い隠し遠ざけるものから真の自己を区別し、心理学、精神分析学の助けを借り、その真理を判読するためである。古代ギリシャ人たちは、自分の内なる真理を発見しようなどと試みていなかった。尊敬、栄誉、(権)力に値する者として自分自身を創造しようと努めていたのである。

このように、美学の強調は、私たちが自身を美しく見えるようにするのをフーコーが望んでいたことを意味しない。むしろ、たんなる所与ではなく、創造的に形成され変形されうる何かとしての私たち自身および私たちの生に関わり合うべきというのが、彼の考えであった。たとえば、ある人のセクシュアリティについて科学的真理を発見し、それから、適切なジェンダーや年齢集団の正常な性行動に近づこうと試みるのではなく、快を体験する新たな種類の関係性ややり方を想像することで、自分の性生活を創造的に形作るべきなのだ。あるいは、人とは異なった存在の仕方あるいは感じ方の理由を説明する医学的診断を得ようとするのではなく、そのちがいを喜んで奉じ、自身の存在の唯一無二で力を与える特色へとその差異を創造的に変成するほうが時にはよいだろう。その狙いは、自身に関するあらゆる科学的知を放棄するだけでなく、その知の支配に恒常的に問いを付すことでもあるのだ。正常化＝規範化する権力に対する抵抗は、自己の創造的実践および私たちの現在の思考形式への批判的尋問から成り立っているのである。

美学としてのフーコー倫理学は、正常化＝規範化する権力との彼の関わり合いの重要な継続だったのだ。抵抗が権力ネットワークの外部に位置しうることなど、彼は信じていなかった。なぜなら、主体であることは、このネットワーク内でのみ可能だからである。有意味な効果的行動は、社会を横断する権力ネットワーク内においてのみ可能となる。還元されえない対の一方として、抵抗はつねに権力に内在している、とフーコーは主張したが、何か具体的な手段によって主体がいかに抵抗を形成し扇動すべきかは、たいていの場合、彼の報告において未決のままである。晩年の思索において、フーコーは自身の抵抗の理解を念入りに仕上げている。それは、主体がたんに権力によって構成されているのではなく、主体自らがその構成に参加し、自己の実践を通して自分自身を変更しうると主張することによってであった。言い換えれば、主体はただの御しやすい身体＝物体なのではなく、主体である形式を積極的に拒絶し、採用し、作り変えているのである。正常化＝規範化する権力に異議を唱えるやり方の一つこそ、自分自身とその生の様式を創造的に形成することにほかならない。すなわち、経験、快、関係性、生および思考の様式の新たな領域への、新たな存在の仕方への機会を探求することなのである。

フーコー哲学を特徴づける自由の追求は、晩年の思索では、正常化＝規範化する権力への抵抗として機能しうる生き方を発展させ促進する試みとなった。その目標は、ナルシシズムに貢献する自己様式化ではなく、相違および唯一無二性の増殖にほかならない。フーコー思想の重要な遺産は、私たちがだれあるいは何であるべきか——美しく有徳で、性的に健全な解放された正しき市民——を告げることではなく、他に類をみない存在の仕方を可能にする自由の空間＝余地を切り拓くことにこそある。フーコーを読むことを通して、私たちは周囲の世界を徹底して新たなやり方で経験することが可能となる。そして、その過程において、私たちは自らが異なった何かになるのだ。そう、おそらくは今のところまだ想像されえない考え方、生き方、他者への関係の仕方を探し求める主体に。

註

註の最初に付されている年号は引用された著作／論文のフランスでの初出年。二番目に詳細が記された年号は原則的に英訳の公刊年を指す。註の頁数も原則的に英訳のものである。

＊1　James Miller, *The Passion of Michel Foucault* (New York: Simon & Schuster, 1993).（田村俶・雲和子ほか訳『ミシェル・フーコー／情熱と受苦』筑摩書房、一九九八年）を見よ。

＊2　Michel Foucault 1986, ‘Postscript, An Interview with Michel Foucault by Charles Ruas’ in *Death and the Labyrinth: The World of Raymond Roussel*, trans. Charles Ruas (New York: Doubleday, 1986), p.184.

＊3　*Suicides de prison* (Paris: Gallimard, 1973), p.51, trans. David Macey, quoted in David Macey, *The Lives of Michel Foucault* (New York: Vintage Books, 1993), p.288.

＊4　Michel Foucault 1983, ‘Critical Theory/Intellectual History’, trans. Jeremy Harding, in *Michel Foucault, Politics, Philosophy, Culture, Interviews and Other Writings 1977-1984*, ed. Lawrence Kritzman(New York and London: Routledge, 1988), pp.36-7.（関修・黒田昭信・滝本往人訳「批判理論／インテレクチュアル・ヒストリー」『iichiko』第二〇号、一九九一年）

＊5　Macey, *The Lives of Michel Foucault*, p.288 を見よ。

＊6　Michel Foucault 1984, *The History of Sexuality*, vol.2: *The Use of Pleasure*, trans, Robert Hurley (Harmondsworth: Penguin, 1992), p.9.（田村俶訳『性の歴史Ⅱ　快楽の活用』新潮社、一九八六年）

＊7　Ian Hacking, *Historical Ontology* (Cambridge, MA: Harvard University Press, 2002)を見よ。

＊8　Michel Foucault 1961, *History of Madness*, trans. Jonathan Murphy and Jean Khalfa (London and New York: Routledge, 2005), pp.8-11.（田村俶訳『狂気の歴史――古典主義時代における』新潮社、一九七五年）

＊9　Michel Foucault 1978, 'Interview with Michel Foucault' in *Power: Essential Works of Foucault 1954-1984*, vol.3, ed. James D. Faubion, trans. Robert Hurley (New York: New Press, 2000), p.244.

＊10　Michel Foucault 1983, 'The Minimalist Self', in *Michel Foucault, Politics, Philosophy, Culture*, p.6.

＊11　Michel Foucault 1961, 'La folie n'existe que dans une société', in *Dits et écrits, 1954-1975*, vol.1, ed. Daniel Defert and François Ewald (Paris: Gallimard, 2001), p.197.

＊12　Michel Foucault 1970, Foreword to the English edition of *The Order of Things* (London and New York, Routledge, 1994), pp.xiii-xiv.（渡辺一民・佐々木明訳『言葉と物』新潮社、一九七四年）

＊13　Paul Veyne 1971, 'Foucault Revolutionizes History', in Arnold I. Davidson (ed.), *Foucault and His Interlocutors* (Chicago and London: University of Chicago Press, 1997), pp.146-82.（大津真作訳『歴史をどう書くか――歴史認識論についての試論』法政大学出版局、一九八二年）に所収。

＊14　Michel Foucault 1967, 'On the Ways of Writing History', trans. Robert Hurley in *Aesthetics, Method and Epistemology: Essential Works of Foucault 1954-1984*, vol.2, ed.

James D. Faubion（New York: New Press, 1998）, p.286.

＊15　Michel Foucault 1963, 'What Is an Author?', trans. Josue V. Harari, in *The Foucault Reader*, ed. Paul Rabinow（Harmondsworth: Penguin, 1984）, pp.118-20.（清水徹・豊崎光一訳『作者とは何か？』哲学書房、一九九〇年）

＊16　Jean-Paul Sartre 1948, *What Is Literature?*, trans. Bernard Frechtman（London: Methuen, 1950）, p.45.（加藤周一ほか訳『文学とは何か』人文書院、一九九八年）

＊17　Foucault, *Death and the Labyrinth*, p.175.（豊崎光一訳『レーモン・ルーセル』法政大学出版局、一九七五年）

＊18　Michel Foucault 1971, 'Nietzsche, Genealogy, History', trans. Donald F. Bouchard and Sherry Simon, in *The Foucault Reader*, pp.86-8.（伊藤晃訳「ニーチェ、系譜学、歴史」『エピステーメー』Ⅱ－0号、朝日出版社、一九八四年）に所収。

＊19　たとえば、Michel Foucault, 'Prison Talk', trans. Colin Gordon in *Power/Knowledge: Selected Interviews and Other Writings 1972-1977*, ed. Colin Gordon（Brighton: Harvester Press, 1980）, pp.53-4 を見よ。

＊20　Michel Foucault 1975, *Discipline and Punish*, trans. Alan Sheridan（Harmondsworth: Penguin, 1991）, p.250.（田村俶訳『監獄の誕生――監視と処罰』新潮社、一九七七年）

＊21　Foucault 1984, 'Foucault Michel, 1926-', trans. Catherine Porter, *Cambridge Companion to Foucault*, ed. Gary Gutting,（Cambridge: Cambridge University Press）, p.315.

＊22　Martin Saar, 'Genealogy and Subjectivity', *European Journal of Philosophy* 10: 2（2002）, 231-45 を見よ。

＊23 Martin Kusch, *Foucault's Strata and Fields. An Investigation into Archaeological and Genealogical Science Studies* (Dordrecht: Kluwer, 1991), pp.186-92 を見よ。

＊24 Michel Foucault 1976, 'Questions of Geography', trans. Colin Gordon in *Power/Knowledge*, p.69.

＊25 Macey, *The Lives of Michel Foucault*, p.335 を見よ。

＊26 Michel Foucault 1984, 'What Is Called Punishing?', trans. Robert Hurley, in *Power: Essential Works of Foucault 1954-1984*, vol.3, 2000, p.383.

＊27 Michel Foucault 1976, *The History of Sexuality*, vol.1, trans. Robert Hurley (Harmondsworth: Penguin, 1990), pp.94-6.（渡辺守章訳『性の歴史Ｉ　知への意志』新潮社、一九八六年）

＊28 Michel Foucault 1984, 'The Ethic of Care for the Self as a Practice of Freedom', trans. J. D. Gauthier, in *The Final Foucault*, ed. James Bernauer and David Rasmussen (Cambridge, MA: MIT Press, 1988), p.19.（滝本往人訳「自由の実践としての自己への配慮の倫理」『最後のフーコー』三交社、一九九〇年）に所収。

＊29 Michel Foucault 1978, Introduction to *Herculine Barbin: Being the Recently Discovered Memoirs of a Nineteenth-Century French Hermafrodite*, trans. Richard McDougall (New York: Pantheon Books, 1980), pp.vii-x.

＊30 Judith Butler, *Gender Trouble* (New York and London: Routledge, 1991).（竹村和子訳『ジェンダー・トラブル』青土社、一九九九年）を見よ。

＊31 David Halperin, *Saint Foucault: Towards a Gay Hagiography* (New York and Oxford: Oxford University Press, 1995), p.42.（村山敏勝訳『聖フーコー』太田出版、一九九七年）

を見よ。

*32 Michel Foucault 1984, 'Sex, Power, and the Politics of Identity' in *Ethics — Subjectivity and Truth: Essential Works of Foucault 1954-1984*, vol.1, ed. Paul Rabinow (New York: New Press, 1997), p.163.

*33 Michel Foucault 1990, 'What Is Critique?', trans. Lysa Hochroth, in *Foucault, The Politics of Truth*, ed. Sylvere Lotringer and Lysa Hochroth (New York: Semiotext (e), 1997), pp.27-9.（中山元訳「批判とは何か」『わたしは花火師です』筑摩書房、二〇〇八年）に所収。

*34 *Sécurité, territoire, population* (1977-1978), *Security, Territory, Population — Lectures at the Collège de France, 1977-1978*. Trans. Graham Burchell (New York: Palgrave Macmillan, 2007) and *Naissance de la biopolitique* (1978-1979), not yet available in English.

*35 Michel Foucault 1979, '*Omnes et Singulatim*: Toward a Critique of Political Reason', trans. P. E. Dauzat in *Power: Essential Works of Foucault 1954-1984*, vol.3, 2000, p.325.

*36 Michel Foucault 1981, 'So Is It Important to Think?', trans. Robert Hurley in *Power: Essential Works of Foucault 1954-1984*, vol.3, 2000, p.456.

*37 たとえば、Michel Foucault 1984, 'The Art of Telling the Truth', trans. Alan Sheridan in *Michel Foucault, Politics, Philosophy, Culture*, 1988, pp.86-95 を見よ。

*38 Foucault, *The History of Sexuality*, vol.2, *The Use of Pleasure*, pp.8-9.（前掲『性の歴史II 快楽の活用』）

*39 Michel Foucault 1984, 'The Concern for Truth', trans. Alan Sheridan in *Michel Foucault,*

Politics, Philosophy, Culture, 1988, p.263.

*40 Michel Foucault 1983, 'On the Genealogy of Ethics: An Overview of Work in Progress' in *The Foucault Reader*, p.346.

年譜

1926 一〇月一五日、ポール＝ミシェル・フーコー、フランスの小地方都市の一つポワチエ〔ヴィエンヌ県の県庁所在地〕の裕福な家庭に生まれる。父ポールは外科医で、ポワチエ医学校の解剖学教授であった。

1930 学校に通いはじめる。ポワチエにあるイエズス会学校、リセ・アンリⅣ世校の幼児学級に入学。

1936-40 リセ・アンリⅣ世校の中等科に通う。

1940-45 ポワチエの聖スタニスラス中高等学校（Collège）に転校。とりわけ、歴史に興味をもつ。そして、フランス文学史、古典ギリシャ・ラテン語翻訳の科目で、優れた成績を収める。一九四二年、哲学を学びはじめる。第二次世界大戦によって、何人もの教員がゲシュタポに逮捕されたため、個人教授で哲学を勉強する。中でも、アンリ・ベルグソン、プラトン、ルネ・デカルト、バルーフ・スピノザ、インマヌエル・カントを熱心に読む。そして、父の意に添った医学ではなく、哲学を学ぼうと決心する。

1945 高等師範学校入学試験準備のため、パリのリセ・アンリⅣ世校に入る。ジャン・イッポリットが彼の哲学教師となる。イッポリットのG・W・F・ヘーゲル講義は、若きフーコーに強烈な印象を残した。

1946 パリの高等師範学校に合格。精神病理学の講座に登録し、精神病院を訪問する。

1947-48 高等師範学校で、モーリス・メルロ＝ポンティの講義に出席。講義題目は「マールブランシュ、メーヌ・ド・ビラン、ベルグソンにおける心身の統一」。メルロ＝ポンティはまた、学生たちにフェルディナン・ド・ソシュールの著作を紹介する。

1948　高等師範学校より、哲学士（licence de philosophie, 学校での教員資格）を取得。ルイ・アルチュセールのプラトン講義に出席。精神的・情緒的問題に苦しみ、自殺未遂。サン＝タンヌ病院に入院。

1949　実存主義および現象学に興味を抱くようになる。そこで、ドイツ語とマルティン・ハイデッガーの哲学を勉強しはじめる。ハイデッガーを通して、とりわけフリードリヒ・ニーチェの哲学に関心をもつ。ジャン・イッポリットがソルボンヌ大学教授に任命され、再び彼の講義に通いはじめる。高等師範学校より、心理学士（licence de psychologie）を取得。

1950　ルイ・アルチュセールの影響を受け、フランス共産党に入党。G・W・F・ヘーゲルの現象学および実存主義に対し、ますます批判的になる。

1951　哲学のアグレガシオン（agrégation de philosophie, リセ・大学での教員資格）を高等師範学校より修得。高等師範学校で、心理学を教えはじめる。その講義の受講者の中に、ジャック・デリダがいた。アルチュセール同様、教育見学のため、学生たちをサン＝タンヌ病院へ引率する。

1952　パリ心理学研究所より、精神病理学の学位免状(diplôme de psycho-pathologie)を授与。ルートヴィヒ・ビンスワンガーの論文「夢と実存」の翻訳に着手し、テクストへの長い序文を執筆。ジークムント・フロイト、ジャック・ラカン、メラニー・クライン、カール・ヤスパースの著作を徹底して読む。

1952-55　リール大学で心理学を教える。ジル・ドゥルーズと初めて会う。

1953 フリードリヒ・ニーチェの哲学を熟読しはじめる。フランス共産党を離党。

1954 『精神疾患とパーソナリティ』を公刊。サン＝タンヌ病院でのジャック・ラカンのセミネールに参加。

1955-58 スウェーデンに移る。ウプサラ大学でフランス文化・フランス語を教える。『狂気の歴史』の執筆を開始。ロラン・バルトと初めて会う。バルト、ウプサラのフーコーを訪問。

1958 スウェーデンを離れ、ポーランドのワルシャワ大学フランスセンターの館長となる。

1959 ドイツに移り、ハンブルクのフランス学院院長となる。

1960 フランスに戻り、クレルモン＝フェラン大学で哲学と心理学を教える。二三歳の高等師範学校生ダニエル・ドゥフェールに出会う。ドゥフェールはフーコーの死に至るまでパートナーとなる。父ポール死去。

1961 文学博士（doctorat ès lettres, 大学教授資格）を修得。第一論文（thèse primaire）が『古典主義時代における狂気の歴史』として公になる。指導教官はジョルジュ・カンギレム。副論文（thèse complémentaire）は、一二八ページにわたる序論をもつインマヌエル・カント『実践的見地から見た人間学』の翻訳。指導教官はジャン・イッポリット。『狂気の歴史』公刊。賛否両論に分かれる。

1962 クレルモン＝フェラン大学教授に昇格。一九六六年まで哲学と心理学を教える。後に『言葉と物』に結実するテーマについての講義を行う。

1963 『臨床医学の誕生――医学的まなざしの考古学』と『レーモン・ルーセル』を刊行。中でも、モーリス・ブランショ、ピエール・クロソウスキー、ジョルジュ・バタイユに関する論文の執筆に注目。『臨床医学の誕生』はジャック・ラカンによって好意的に取り上げられ、彼のセミネールで議論された。

1965 二カ月にわたり、ブラジルを訪問。サン＝パウロで連続講義を行う。

1965-66 コミュニストおよびマルクス主義者たちからますます距離をとるようになる。挙句に、ドゴール政権の教育改革プランに参加。この改革は、諸学生団体および教員組合から広範な抗議を喚起する。

1966 『言葉と物』を刊行。ベストセラーとなる。現象学を批判したため、その後二年にわたるサルトルとの論争に巻き込まれる。

1966-68 フランスを去り、チュニジアのチュニス大学で哲学の客員教授となる。美学、歴史、心理学等を講義。その中でも言語哲学の講義は注目に値する。また、ニーチェ、デカルトについての講義も行う。客員講師として、ポール・リクール、ジャン・イッポリットを招聘。しかしながら、政情不安定のため、教授職の任期途中で帰国を余儀なくされる。

1968 新たに設立されたパリ第八実験大学（ヴァンセンヌ校）哲学部長を務める。

1968-73 チュニスでの学生による政治的アクティヴィズムの体験の後、左翼政治支持に回帰する。急進的アクティヴィズムに参加。いくつもの街頭での抗議行動に加わり、さまざまな請願書に署名。デモの際何度か、逮捕されることになる。ダニエル・ドゥフェール、毛沢東主義の団体に所属し、フーコーの政治見解に影響を与える。

1969 コレージュ・ド・フランス会員に選出される。自身の講座を「思考システムの歴史」と名づける。『知の考古学』を刊行。

1970 一二月二日、コレージュ・ド・フランスにて就任講義を行う。

1970-83 アメリカと日本で最初の講義を行う。その後、定期的にアメリカを訪問し、ブラジル、カナダ、日本を時折訪れるようになる。

1971 人種差別に反対するデモを計画するため、サルトルと会う。アルジェリア人の若者が警備員に射殺された事件に端を発してのことであった。

1971-73 ダニエル・ドゥフェールとともに監獄情報グループ（ＧＩＰ）、フランスにおける囚人および監獄の状況を研究し改善するための組織を創設。グループへの参加者の中には、ジル・ドゥルーズ、ジャン＝ポール・サルトル、エレーヌ・シクスーらがいた。ＧＩＰは全国規模の運動となり、数多くの抗議運動が組織され、請願書に署名がなされた。一九七二年には、アメリカ合衆国アッティカにあるニューヨーク州立刑務所を訪問。死刑反対キャンペーンにも積極的に関与する。

1975 『監視と処罰――監獄の誕生』を公刊。スペインのフランコ・ファシズム政権による政治的アクティヴィストの処刑に反対する抗議・請願書に加わる。この件に関する記者会見に参加のため、マドリッドを訪問。また、パリのスペイン大使館前でデモを組織する。

1976 『性の歴史』、第一巻『知への意志』を刊行。

1978 ジャーナリストとしての活動。イタリアの雑誌に、イラン革命に関するいくつもの論説・報告を掲載する。

1981 ピエール・ブルデューとともに、ポーランドの「連帯」運動を支持する請願書を起草。

1983 カリフォルニア大学バークレー校で教える。永久客員任用の開始。

1984 『性の歴史』、第二巻『快楽の活用』および第三巻『自己への配慮』を公刊。健康状態が悪化し、入院。友人のポール・ヴェーヌおよびパートナーのダニエル・ドゥフェールによれば、フーコーは自分がエイズであることを知っていたが、友人たちにそれを知られるのを望まなかったという。

1984 六月二五日、パリで逝去。享年五七歳。ダニエル・ドゥフェール、フランス初のエイズ（ＡＩＤ

S）自助組織「援助協会（AIDES〔援助の複数形〕）」を創設。

1994 『言われたことと書かれたこと』〔邦訳名『ミシェル・フーコー思考集成』〕（モノグラフを付した、ミシェル・フーコー全仕事の集大成）が公刊される。

訳者あとがき

本書は、Johanna Oksala, *How to Read Foucault*, Granta, 2007の全訳である。この小著は、*How to Read* 叢書中の一冊であり、すでに同シリーズから、スラヴォイ・ジジェクによるラカン（鈴木晶訳『ラカンはこう読め！』紀伊國屋書店、二〇〇八年）、ペネロペ・ドイッチャーによるデリダ（土田知則訳『デリダを読む』富士書店、二〇〇八年）が邦訳されている。この叢書の画期的意義については、シリーズ全体の編者サイモン・クリッチリー自身による緒言、さらには『デリダを読む』「訳者あとがき」での土田氏による的確な指摘を参考にしていただくことにして、ここでは本書の特徴について簡潔に述べておくに留めておきたいと思う。

ご存知のように、ミシェル・フーコー（一九二六－八四年）は、ジル・ドゥルーズ（一九二五－九五年）、ジャック・デリダ（一九三〇－二〇〇四年）とともに、フランス現代思想を代表する思想家の一人である。生前、日本をしばしば訪れたこともあり、主著のすべてはもとより、『ミシェル・フーコー思考集成』（筑摩書房）全一〇巻の後、コレージュ・ド・フランスでの『ミシェル・フーコー講義集成』（筑摩書房）も現在翻訳が継続中である。つまり、日本ほどフーコー自身の言説の翻訳が進んでいる国は世界でも珍しいといえよう。しかしながら他方、フーコーの専門家、フーコーに関する研究書、とりわけ最近では外国語文献の翻訳にお目にかかることは稀である。たとえば、オクサラも挙げている三冊の伝記の内、最も詳細で重要なデイヴィッド・メイシーの『ミシェル・フーコーの生涯』（一九九三年）の邦訳さえ、いまだ未刊のままである。どうして、こうしたちぐはぐな現状が生じてしまっているのだろう。

その要因の一端は何よりもまず、フーコーの著作スタイルにあると思われる。彼の主著はいずれも基本的に、それまでの常識を覆すべく、今まで忘れ去られ埋もれていた古文書等に光を当て、博覧強記の知見を披露することで、読者の度肝を抜く効果をもつ。内田樹氏が『寝ながら学べる構造主義』（文春新書、二〇〇二年）で、フーコーの思想を「私は馬鹿が嫌いだ」と総括してみせたのは、ある意味言い得て妙である。しかも、彼のペダンティックな文体はそのうんちくぶりに驚嘆するばかりで、結局、彼がそうした知から何を主張しようとしたのか考える余裕を読者に与えない危険性をもつ。そこで、彼の本音を窺いしるには、折に触れ行われたインタヴューなどを参照する必要が生じ、『思考集成』が刊行されるに至っている。事実、本書の著者オクサラも、英語で読めるこうした状況証拠を活用しながら、フーコーの思想を解読していく。

さらにそれと無関係とはいえないと思われるのが、フーコーの業績が権力論に還元されてしまう傾向である。オクサラも指摘しているように、フーコーの思想を権力／知システム論に集約させてしまうと、晩年の『性の歴史』解釈に困難をきたすことになろう。オクサラはこの問題を、「自由論」の立場から理解することで、新たな地平を切り拓こうとしている。こうした方向性はすでに、ジョン・ライクマン、田村俶訳『ミシェル・フーコー――権力と自由』（岩波書店、一九八七年）のような優れた研究を邦訳で読むことができたにもかかわらず、なぜか日本では注目を集めることはなかった。

おそらく、その原因はまさしくセクシュアリティをめぐる問題にあるに違いない。訳者はすでに二〇年近く前、フーコーがエイズで逝去してすぐに、彼のセクシュアリティ論に関する論文を何篇か発表した（『美男論序説』夏目書房、一九九六年に所収）。彼がゲイでエイズのため死去した、というプライヴェートな事実が重要なのではない。「ゲイ」というあり方を彼がどう捉え、それを思想としてどのように展開しているかを問うべきである、と。ところが、当時の評価は芳しいものではなかった。ゲイ・スタディーズ＝ゲイ・アクティヴィズムのような風潮があったため、訳者による「生存の美学」を重視するフーコー解釈は、綺麗事の「美化」に過ぎないと批判されたのである。こうして、「性はつまらないですよ」と事あるごとにフーコー自身が述べていたことの意味を痛感したように思った訳者は、正直やる気を失ったのである。

しかし今回、本書を翻訳するにあたり、オクサラの考えが訳者の述べてきたことと決して遠いものではなく、「生存の美学」をフーコーの主要思想と捉え、今までとは「異なったように考え、生きる」ことこそ、彼が一生を通して追求しつづけた問いであると結論づけていることに共感できた。さまざまなマイノリティの問題は当事者のためだけでなく、人間一般を考える指標とすべきという当たり前のことがようやくまともに論じられる時宜を得たように思われる。

そうしたオクサラの筆の運びはきまじめともいえる堅実さを感じさせる。同シリーズのデリダを著したペネロペ・ドイッチャーもまた女性哲学者であるが、ドイッチャーが時事問題等を例に自由自在に議論を飛躍させていくのに比べ、オクサラはフーコーの著作をほぼ年代順に跡づけ、重要な論点を網羅しようと努めている。そして、その整合性を晩年のセクシュアリティに関する問題にも見出そうとしているのだ。この二人のエクリチュールはきわめて対照的であるが、どちらにもそれぞれセンスの良さが感じられる。女性哲学者＝フェミニストという単純化ではなく、それぞれが「多様」なことこそ、フーコーの願いでもあったのではないか。そうした点でまた、オクサラによる本書は、フランスにおけるフレデリック・グロによる『ミシェル・フーコー』（露崎俊和訳、クセジュ文庫、白水社、一九九八年）に似た趣をもつが、グロが初期の精神医学に関する仕事に関心を寄せているのに対し、晩年の生存の美学＝倫理にひきつけてのオクサラの読みに、訳者はより惹かれるものがある。誠実さの中にも柔軟さを失わないオクサラのしなやかな思考は、フーコー研究の未来に一条の光をもたらしているといえよう。

著者、ヨハンナ・オクサラは本年（二〇一一年）より、ヘルシンキ大学人文学部にフィンランド学士院によって設置された「フェミニズム理論における哲学と政治」プロジェクト（二〇一五年まで）の上級研究員を務めている、フィンランド人女性哲学者である。本書執筆時には、スコットランドのダンジー大学にて哲学上級講師（二〇〇七－一一年）を務めており、フィンランドのユヴァスキュラ大学高度学術センター研究員も兼任していた。なお、二〇〇六年から一年間、本シリーズ編者サイモン・クリッチリーが教授を務めるニューヨークにあるニュー・スクール・フォー・ソーシャル・リサーチで客員教授も歴任している。ヘルシンキ大学のＨＰにあるプロフィール紹介によると、専門は、社会および政治哲学、フーコー、フェミニスト哲学、現象学とある。

多岐にわたるテーマに関する多くの論文のほかに、本書に先立つ、二〇〇五年にケンブリッジ大学出版局より『フーコー、自由について』(*Foucault on Freedom*, Cambridge University Press, 2005) の著書があり、本書はそのエスキスともいえよう。また、ノースウエスタン大学出版局から『フーコー、政治と暴力』(*Foucault, Politics and Violence*, Northwestern University Press, 2012) が刊行予定であるという。

昨今、日本でもフィンランドの教育・社会システムが注目を集め、多くの本も出版されている。オクサラも研究員を務めていたユヴァスキュラ大学大学院を出られた堀内都喜子氏による『フィンランド豊かさのメソッド』(集英社新書、二〇〇八年) が手に取りやすく参考となろう。昨今、現代思想はアガンベン、ネグリ、エスポジトらイタリアの思想家たちが元気である。精神分析理論は、ジジェクを筆頭に、夫人のサレクル、さらにズパンチッチといった女性も活躍しているスロヴェニアのラカン派が世界的に読まれている。もはや、フランス・ドイツ (大陸) 哲学対英米 (経験論) 哲学という図式は通用しない。ジジェクのいう「第三の道」の思想家の一人として、オクサラのさらなる活躍が期待される所以である。

翻訳に際しては、本シリーズの性質も考慮の上、一般読者が読みやすいことを最優先し、原語等を付記するのは最小限にとどめた。また、西洋では一般的な翻訳のあるものはそれをそのまま用いるスタイルを本書も踏襲しており、フーコーからの引用はほとんどが既存の英訳に拠っている。訳者による訳出も英訳からのものであり、記載されている英訳の頁数は割愛させていただいた。したがって、邦訳は訳す際参考にしたものの、一切使用することはなかった。あくまでオクサラの立論のコンテクストに沿った訳出を心がけたためである。

また、訳出するのに難しいのは、一つの単語なり概念に複数の意味が込められている場合である。それはひとえに訳者の非力ゆえかもしれないが、一対一対応のしっくりくる訳語がみつからないのだ。以下、フーコーを読む際、鍵となるであろう二つのタームに限って、少々解説を加えることをお許し願いたい。

まず、さまざまな文脈で登場する「body」という単語である。もちろんフーコーの場合、第一義として念頭に置くべきは「身体」であろう。オクサラも全三部からなる『フーコー、自由について』の第二部をBodyと命名し、三論文を配置している。ただし、ここでいわれている「身体」は、デカルトに代表される心身二元論での二項対立の一方としての身体＝物体（モノ）と理解してはならない。主に言語学でよく用いられるコーパス（corpus）に結びつけて考えるとよかろう。corpusはラテン語で身体のことを意味し、フランス語でも身体のことをcorpsという。学術上用いられるコーパスとは本来、「ある目的のために集められたテキスト・データ」のことであり、「資料体」と訳出できよう。一つ一つの資料はそれらを有効に関連付けまとめ上げてこそ、初めて資料としての価値をもつ。フーコーのいう「身体」もまた、さまざまな力が織りなされた一つのまとまり、すなわち「体」の一あり方なのである。

　つぎに、第5章冒頭の引用で登場するニーチェの「wirkliche Historie」というドイツ語概念の訳である。wirklich は通常、「現実的、実際の」と訳される形容詞で、その名詞形は Wirklichkeit である。したがって、すんなり「現実的歴史」とでも訳せば、フーコーのいう「現在の歴史（history of the present）」がニーチェのこの概念を念頭に置いたものであることがただちに予測できよう。ところが、オクサラは wirklich に effective という英語をあてている。確かに、effective には「実際的」という意味があるものの、あくまで第一義は「効果的」である。しかし、実のところ、彼女の英訳には大変思慮深いものがある。というのも、wirklich は動詞 wirken から派生しているが、この動詞の意味は「作用する、効果がある」で、英語では effect に相当するからである。また、この動詞の名詞形には、「作用、効果」を意味する Wirkung がある。つまり、ドイツ語の場合、wirken から、一方に「現実、実際」、他方に「作用、効果」という二様の意味が派生しているのである。

　この背景には、可能態（デュナーミス）から現実態（エネルゲイア、エンテレケイア）への生成運動というアリストテレス流の伝統が控えている。もちろん、運動が生じるには動因＝作用する力が必要である。こうして、「wirkliche Historie」は同じニーチェの「力への意志（Wille zur Macht）」というおなじみの思想と関連することが明らかになろう。また、ギリシャ的伝統を現在、最も的確に表現できる言語はドイツ語であるというハイデッガーの考えとも通じるものがある。ちなみに、in Wirklichkeit には「真に」という用法がある。ハイデッガーのいう「真理」とは、ギリシャ語のアレーテイア、すなわち「隠されていないこと」である。Wirklichkeit とは、可能性だったものが余りなく現実化して顕わになることにほかならない。こうして、訳者は wirklich にややぎこちないものの、「現実に効力のある」という訳語を当てることにしたのである。

また、この翻訳がこうして読者の手に届くまでには、多くの紆余曲折があった。実のところ、本シリーズに興味を抱いた訳者は当初、ジジェクによるラカンを訳そうと準備し、訳稿もできあがっていたのだが、版権取得が不可能と知り急遽、本書を訳すことに決めた。そんな訳者を励ましつづけてくださった千葉大学教授、土田知則氏にはいつもながら大変お世話になった。土田氏が多忙な中、約束通りデリダの巻を訳してくださったからこそ、訳者も気落ちすることなく、本書の翻訳に取り組むことができた。心よりお礼申し上げたい。

また、参考文献表の作成に関しては、明治学院大学大学院文学研究科博士課程の藤山真君にお手伝いいただいた。心より感謝するとともに、彼が一流のフーコー研究者になることを祈念している。

さらに、本訳稿はすでに二〇〇九年一月にはある出版社の手に渡っていた。ところが思わぬアクシデントが生じ、日の目をみることなくお蔵入りになる恐れが生じたのだった。今回、編著『挑発するセクシュアリティ』でお世話になった本出版社で刊行の機会を与えていただくことができた。尽力くださった編集の竹内将彦氏をはじめ、関係者各位に心から感謝する次第である。韓国・ブラジルでも翻訳される予定があるという優れた入門書を日本の読者にも供することができたのは大きな喜びである。

最後に、本書を読んでくださったみなさん一人一人にとって、フーコーの思想が心の琴線に触れる経験となることを心から祈るばかりである。

二〇一一年　六月

関　修

■ ジェンダーおよびセクシュアリティ研究について

Diamond, I. and Quinby, L. (eds), *Feminism and Foucault: Reflections on Resistance*. Boston: Northeastern University Press, 1988.

Halperin, David M. *Saint Foucault: Towards a Gay Hagiography*. New York and Oxford: Oxford University Press, 1995.（村山敏勝訳『聖フーコー』太田出版，1997年）

Hekman, Susan J. (ed.), *Feminist Interpretations of Michel Foucault*. Pennsylvania State University Press, 1996.

McNay, Lois *Foucault and Feminism: Power, Gender and the Self*. Cambridge: Polity Press, 1992.

McWhorter, Ladelle *Bodies and Pleasure: Foucault and the Politics of Sexual Normalization*. Bloomington: Indiana University Press, 1999.

Sawicki, Jana *Disciplining Foucault: Feminism, Power and the Body*. New York: Routledge, 1991.

■ 古代倫理について

Detel, Wolfgang *Foucault and Classical Antiquity: Power, Ethics and Knowlcdgc*. Cambridge University Press, 1998.

O'Leary, Timothy *Foucault and the Art of Ethics*. London: Continuum, 2002.

■ ウェブ資料体

http://www.michel-foucault.com/（フーコー資料体のウェブサイト。フーコーの生涯と仕事，フーコーに関わる最近の公刊物および最新の出来事についての良質な情報源）

http://foucault.siuc.edu/（フーコー学派（Circle）のウェブサイト。フーコー思想に関心を分かち合う研究者・大学教員による世界規模のネットワーク）

http://foucaultsociety.wordpress.com/（研究者，学生，アクティヴィスト，芸術家等からなる学際的協会，フーコー協会（Society）のウェブサイト。フーコーのアイディアを研究し，現代的なコンテクストへ応用することに関心を寄せている）

the Historical. Stanford University Press, 1998.
May, Todd *The Philosophy of Foucault*. Stocksfield: Acumen Publishing, 2006.
Oksala, Johanna *Foucault on Freedom*. Cambridge University Press, 2005.
Rajchman, John *Michel Foucault: The Freedom of Philosophy*. New York: Columbia University Press, 1985.（田村俶訳『ミシェル・フーコー——権力と自由』岩波書店，1987年）

■ 考古学および系譜学について

Gutting, Gary *Michel Foucault's Archaeology of Scientific Reason*. Cambridge University Press, 1989.（成定薫ほか訳『理性の考古学　フーコーと科学思想史』産業図書，1992年）
Kusch, Martin *Foucault's Strata and Fields: An Investigation into Archaeological and Genealogical Science Studies*. Dordrecht: Kluwer, 1991.
Saar, Martin *Genealogie als Kritik. Geschichte und Theorie des Subjekts nach Nietzsche und Foucault*. Frankfurt: Campus Verlag, 2007.
Visker, Rudi *Michel Foucault — Genealogy as Critique*. Trans. Chris Turner. New York: Verso, 1990.

■ 統治性について

Barry, Andrew, Osborne, Thomas and Rose, Nicholas (eds.), *Foucault and Political Reason. Liberalism, Neo-Liberalism and Rationalities of Government*. London: UCL Press, 1996.
Burchell, Graham et al. (eds.), *The Foucault Effect: Studies in Governmentality. With Two Lectures by and One lnterview with Michel Foucault*. University of Chicago Press, 1991.
Dean, Mitchell *Governmentality: Power and Rule in Modern Society*. London: Sage, 1999.
Lemke, Thomas *Eine Kritik der politischen Vernunft — Foucaults Analyse der modernen Gouvernementalität*. Berlin/Hamburg: Argument, 1997.

■ 伝記

充分な長さをもつフーコーの伝記は以下の3冊である。

Eribon, Didier *Michel Foucault*. Cambridge, MA: Harvard Univetsity Press, 1989.（田村俶訳『ミシェル・フーコー伝』新潮社，1991年）

Macey, David *The Lives of Michel Foucault*. London: Vintage, 1993.

Miller, James *The Passion of Michel Foucault*. Cambridge, New York: Simon & Schuster, 1993.（田村俶・雲和子ほか訳『ミシェル・フーコー／情熱と受苦』筑摩書房，1998年）

■ フーコーに関する論文集

Davidson, Arnold I.（ed.）, *Foucault and His Interlocutors*. Chicago and London: University of Chicago Press, 1997.

Gutting, Gary（ed.）, *The Cambridge Companion to Foucault*, 2nd edn. Cambridge University Press, 2005.

Hoy, David Couzens（ed.）, *Foucault: A Critical Reader*. Oxford: Blackwell, 1986.（椎名正博・美智訳『フーコー――批判的読解』国文社，1990年）

Moss, Jeremy（ed.）, *The Later Foucault: Politics and Philosophy*. London: Sage, 1998.

Smart, Barry（ed.）, *Michel Foucault: Critical Assessments*, vols.1-3. London and New York: Routledge, 1994.

Waldenfels, Bernard and Ewald, François（eds.）, *Spiele der Wahrheit. Michel Foucaults Denken*. Frankfurt am Main: Suhrkamp, 1991.

■ 一般参考文献

Dreyfus, Hubert and Rabinow, Paul *Michel Foucault: Beyond Structuralism and Hermeneutics*. University of Chicago Press, 1982.（山形頼洋ほか訳『ミシェル・フーコー　構造主義と解釈学を超えて』筑摩書房，1996年）

Flynn, Thomas *Sartre, Foucault, and Historical Reason*, vol.2: *A Poststructuralist Mapping of History*. University of Chicago Press, 2005.

Han, Beatrice *Foucault's Critical Project. Between the Transcendental and*

Gallimard, 1994（蓮実重彦・渡辺守章監修『ミシェル・フーコー思考集成Ⅰ〜Ⅹ』筑摩書房，1998 〜 2002 年）に収められている。

コレージュ・ド・フランスにおける全講義はガリマール／スイユ社より刊行予定。英訳はアーノルド・デイヴィッドソン編で 13 巻が予定されている。本書執筆時，以下の 6 冊の原書，5 冊の英訳が公刊されている〔邦訳は『ミシェル・フーコー講義集成』（筑摩書房）として，本書翻訳時，6 冊が刊行されている〕。

Le pouvoir psychiatrique: cours au Collège de France (1973-1974). Paris: Gallimard, 2003. (*Psychiatric Power — Lectures at the Collège de France, 1973-1974*. Trans. Graham Burchell: New York: Palgrave Macmillan, 2006.)

Les anormaux: cours au Collège de France (1974-1975). Paris: Seuil, 1999. (*Abnormal — Lectures at the Collège de France, 1974-1975*. Trans. Graham Burchell. Eds. Mauro Bertani and Alessandro Fontana. New York: Picador, 2004.)

Il faut défendre la société: cours au Collège de France (1976-1977). Paris: Gallimard, 1997. (*Society Must Be Defended — Lectures at the Collège de France, 1975-1976*. Trans. David Macey. Eds. Mauro Bertani and Alessandro Fontana. New York: Picador, 2003.)

Sécurité, territoire, population: cours au Collège de France (1977-1978). Paris: Gallimard, 2004. (*Security, Territory, Population — Lectures at the Collège de France, 1977-1978*. Trans. Graham Burchell. New York: Palgrave Macmillan, 2007.)

Naissance de la biopolitique: cours au Collège de France (1978-1979). Paris: Gallimard, 2004. (英訳は未刊)

L'herméneutique du sujet: cours au Collège de France (1981-1982). Ed. Frédéric Gros. Paris: Gallimard/Seuil, 2001. (*The Hermeneutics of the Subject — Lectures at the Collège de France 1981-1982*. Trans. Graham Burchell. New York: Picador, 2005.)

さらに読み進めたい人のための手引き

■ 一次資料

本書で論じた著作とは別に，以下のフーコーの著書がすべて英訳されている。

Maladie mentale et personnalité. Paris: PUF, 1954. Revised as *Maladie mentale et psychologie*. Paris: PUF, 1962. (*Mental Illness and Psychology*. Trans. Alan Sheridan. Berkeley: University of California Press, 1987.)（中山元訳『精神疾患とパーソナリティ』筑摩書房，1997年）

Naissance de la clinique: une archéologie du regard médical. Paris: PUF, 1963. (*The Birth of the Clinic: An Archaeology of Medical Perception*. Trans. A. M. Sheridan-Smith. London: Routledge, 1976.)（神谷美恵子訳『臨床医学の誕生』みすず書房，1969年）

L'archéologie du savoir. Paris: Gallimard, 1969. (*The Archaeology of Knowledge*. Trans. A. M. Sheridan-Smith. London: Routledge, 1972.)（中村雄二郎訳『知の考古学』河出書房新社，1981年）

Ceci n'est pas une pipe: deux lettres et quatre desseins de René Magritte. Montpellier: Fata Morgana. (*This Is Not a Pipe*. Trans. and ed. James Harkness. Berkeley: University of California Press, 1983.)（豊崎光一・清水正訳『これはパイプではない』哲学書房，1986年）

Histoire de la sexualité, 3: *Le souci de soi*. Paris: Gallimard, 1984. (*The History of Sexuality*, Vol.3: *The Care of the Self*. Trans. Robert Hurley. New York: Random House, 1986.)（田村俶訳『性の歴史Ⅲ 自己への配慮』新潮社，1987年）

フーコーのインタビュー，エッセー，論文のほとんどすべてが *Dits et écrits*, vols.1-4, *1954-1988*, ed. Daniel Defert and François Ewald. Paris:

ポスト構造主義　12-13, 64
ホモセクシュアリティ・同性愛　28-33, 144, 146, 175
ボルヘス，ホルヘ・ルイス　65-66

■マ行

無意識　54
メルロ=ポンティ，モーリス　12, 32

■ラ行

ラマルク，ジャン=バプティスト　59
両性具有（性）　137-138
『臨床医学の誕生』　14, 56
倫理（学）　173-183
ルーセル，レーモン　77-81
ルネサンス　40, 45, 53, 58, 60, 66
『レーモン・ルーセル』　77-80
歴史　24-27, 54-55, 60-62, 77, 99, 174
　　科学の——　46, 53-57, 74, 92
　　現在の——　13, 26, 39, 67
　　心理学の——　37
　　精神医学の——　37, 42, 46
　　伝記的——　57
　　批判的——　90-91, 100-102
歴史記述・文書，年代記，史料編纂　12, 25, 47, 53, 56, 92, 102
歴史性　25
ローマ帝国　172
ロレ，ジェラール　21

■ハ行

ハイデッガー，マルティン　32
バシュラール，ガストン　56
バタイユ，ジョルジュ　82
バトラー，ジュディス　142
パノプティコン　107-109, 124
ハバーマス，ユルゲン　162-165
バルト，ロラン　73
バルバン，エルキュリーヌ　137
ハルプリン，ディヴィッド　143
犯罪・非行　15, 31, 33, 102
犯罪学　93-97, 111, 143
反精神医学　47
反ディスクール　82
ピネル，フィリップ　42-43
批判（評）　13, 31, 90, 100, 113-117, 160-167
非連続性　56-59, 92
ビンスワンガー，ルートヴィヒ　38
フェミニズム理論　142
フッサール，エドムント　32
フランクフルト学派批判理論　162, 165
ブランショ，モーリス　82
文学　47-49, 53, 72-77
　　――と狂気　15, 39-48
　　――という分野において　81
ヘーゲル，G. W. F.　165
ヘルダーリン，フリードリヒ　48
ベンサム，ジェレミー　107
ボーヴォワール，シモーヌ・ド　12

デカルト，ルネ　53
哲学
　　科学——　94, 100
　　主体の——　31, 61, 63
　　批判的実践としての——　17
テューク，サミュエル　42-43
デリダ，ジャック　12-13
同一性　33, 75, 110, 128, 131, 138-142, 145-148
同音異義語　78
同性愛嫌悪　32, 147
統治　154-162
統治化　160
統治性　154-161
道徳（性）　41, 43, 90, 95, 101, 173-178
ドゥルーズ，ジル　12, 171

■ナ行

ニーチェ，フリードリヒ　48, 61, 89-91, 100-101, 165
人間（的なもの）　41, 45, 97
　　——存在（である）　12, 27, 30, 62, 97, 129
　　——的実存　12, 24, 40-41, 44, 61
　　——の本性（自然）　12
　　——の有限性　41
　　世界を経験する——的あり方　31, 62
人間科学　30, 97
人間学的に普遍な特性　97-99
人間の死　61-63
ネルヴァル，ジェラール　48

精神医学　29, 37-38, 46-48
精神医学的施設　43
精神異常　26, 46, 99
精神疾患（異常者）　15, 28, 33, 38, 42-44, 130
『精神疾患とパーソナリティ』　38-39
精神分析　182
生政治　156
生存の美学　180-182
『性の歴史』（Ⅰ，Ⅱ，Ⅲ巻）　14, 25-26, 28, 121-131, 142-144, 154, 172-176
セクシュアリティ　15, 97, 127-131, 139-148, 156, 173-177, 182
セルバンテス，ミゲル　40
前衛的エクリチュール　73, 83

■ タ行

ダーウィン，チャールズ　55, 59
ダミアン，ロベール　101, 112, 114
知・知識　59, 62, 97-100, 109-110, 117, 159, 172
　——の条件　57, 62
　——の対象　31, 97
　科学的——　28, 54, 93-95, 109, 140, 183
　経験的——　55, 93
　精神医学的——　43
　人間の——的能力　31
『知の考古学』　14, 56
知の考古学的レヴェル　54, 57
中世　75, 138
著者　72-77
抵抗　124-126, 159-161, 164, 183-184
ディスクール　73-75, 82, 128, 142-143

古代ギリシャ　173-182
告解　128
古典期　41-43, 59-62
『言葉と物』　14, 52-67, 82
コント，オーギュスト　53

■ サ行

サド，マルキ・ド　53
サルトル，ジャン＝ポール　12, 32, 72, 80, 83
シェークスピア，ウィリアム　40, 74
ジェンダー　15, 97, 99, 138-143, 182
実践　13, 24, 31, 62, 93, 116, 131, 166
　科学的――　28-29, 45, 73, 81, 97
　社会的――　11, 28-29, 33, 62, 96
実存主義　12, 31, 38
社会構築主義　27-28, 33, 45
自由　11, 72, 83, 165-167, 184
　――の空間＝余地　21, 24, 184
主体　13, 30-33, 39, 55, 62, 74-76, 80-83, 97, 110, 117, 123, 179-180, 183
主体化　110-111, 117
人口　131-156
身体　99, 110-112, 138-140, 156
真理　30, 91, 94-96, 102, 111, 128, 139, 142, 159, 182
心理学　37, 182
性　137-143
生権力　131
政治的アクティヴィズム　22-23
政治闘争　22, 33, 113
正常化＝規範化　109-111, 130, 140, 183-184

文学における—— 74, 81-84
文化的—— 39, 44
経験的－超越論的二重体 62
系譜学 14, 25, 29, 33, 89-93, 98-102, 107-110, 113-114, 154, 164, 180
啓蒙 42, 164-167
言語 63-65, 74, 114
文学的—— 47-48
言語学 53
言語論的転回 64, 81
現象学 31, 38, 61, 63, 83
権力 121-132
——関係 31-33, 93, 109, 123-126, 147, 157, 161
——／知 93-100, 110, 142, 180
——についての自由主義的概念 122
——についてのマルクス主義的概念 122
——の 22, 93, 109, 124, 157, 161, 180
——の効果（影響） 93, 131
——のミクロ物理学 123, 159
——のメカニズム 94, 130
規律的—— 107-112, 116, 122, 158-159, 166
自己の—— 29, 178-184
支配から区別された—— 123-126
生産的——としての 15, 131
政治的—— 155-162
ディスクールと—— 28, 92
統治的—— 154-162
牧人的—— 156, 161
歴史と—— 29, 31
考古学 14, 25, 28, 33, 48, 55-58, 92, 102, 109, 180
構造主義 53-54

――と知　92-97, 147, 155
――の専門家　30, 132, 139, 143
――のディスクール　54-57, 75, 81, 111, 131
――理論　32-33, 66, 81, 139
科学的分析の対象　29, 45
神の死　61
カンギレム，ジョルジュ　56
監禁　40-44
監獄・刑務所　15, 20-25, 93-94, 108-117, 124
監獄情報グループ（GIP）　21, 113
『監獄の誕生』　14, 25, 93, 100-101, 110-117
カント，インマヌエル　31, 165-166
客観化・対象化　29, 111
『狂気の歴史』　14, 24, 26, 38-49, 58, 101
キリスト教　90, 175, 179
近代　13, 58
クイア理論　144-147
偶然（性）　14, 24, 45, 76, 102, 114, 167
クリステヴァ，ジュリア　12, 73
ゲイ・アクティヴィスト　15, 143
ゲイ・レズビアン研究　144
経験・体験　48, 62-64, 67, 100, 130
――という本　49
――の歴史的条件　32
生きられた――　39
一人称的――　32, 65
個人の――　16, 113
古典期の――　42
主体的――　33, 57
セクシュアリティの――　180

索 引

■ア行

アナーキズム　160
アナール派　56
阿呆船　39
アルトー，アントナン　48
アルドロヴァンディ，ウリセ　66
医学化　28, 46, 132
意識・自覚・良心　21, 41, 43
インターネット　77
ヴィクトリア朝　128
ヴェーヌ，ポール　60
ウェーバー，マックス　165
エイズ　16, 171
エピステーメー（認識）　57-64
　（知の）認識論的レヴェル　54
　歴史認識論　56

■カ行

懐疑主義　98
科学　32, 93-96, 100, 147
　——的意識　54
　——的分析　29
　——的分類　31, 144

著者紹介　Johanna Oksala◎ヨハンナ・オクサラ

ダンジー大学（スコットランド）上級講師（哲学），ユヴァスキュラ大学（フィンランド）高度学術センター研究員（政治思想および概念変遷史）を経て，現在，ヘルシンキ大学人文学部「フェミニズム理論における哲学と政治」プロジェクト上級研究員。

著書『フーコー，自由について』（ケンブリッジ大学出版局，2005年）

訳者紹介　関　修◎せき・おさむ

1961年，東京生まれ。千葉大学教育学部卒業。東洋大学大学院文学研究科博士後期過程（哲学専攻）単位修得修了。現在，明治大学法学部非常勤講師。専門は，フランス現代思想・文化論。

著書『美男論序説』（夏目書房，1996年），『挑発するセクシュアリティ』（編著，新泉社，2009年）ほか。

翻訳 G・オッカンガム『ホモセクシュアルな欲望』（学陽書房，1993年），R・サミュエルズ『哲学による精神分析入門』（夏目書房，2005年），M・フェルステル『欲望の思考』（富士書店，2009年）ほか。

フーコーをどう読むか

2011年10月10日　第1版第1刷発行

著者　ヨハンナ・オクサラ

訳者　関 修

発行所　新泉社

東京都文京区本郷2-5-12

電話 03-3815-1662

ファックス 03-3815-1422

印刷・製本　三秀舎

ISBN978-4-7877-1110-6　C1010

ブックデザイン／堀渕伸治◎tee graphics

新泉社の本

…

挑発するセクシュアリティ　法・社会・思想へのアプローチ

関　修・志田哲之編／四六判／二五〇〇円＋税

セクシュアリティも社会的に「つくられる」とする視点から法と社会のあり方を照らす。

経験の社会学

フランソワ・デュベ著／山下雅之監訳、濱西栄司、森田次朗訳／Ａ５判／二八〇〇円＋税

〈社会的排除〉と〈社会の解体〉を生きる、われわれの経験と主体性をリアルに描き出す。

声とまなざし　社会運動の社会学

アラン・トゥレーヌ著／梶田孝道訳／Ａ５判上製／三八〇〇円＋税

社会の解体に注目し新しい社会の創造とアクターに関する理論・方法論を提示した名著。

ゲームセンター文化論　メディア社会のコミュニケーション

加藤裕康著／四六判／二八〇〇円＋税

ゲームセンターでの自立的なコミュニケーションのありようと若者文化の特質をつかむ。